JN087550

レジリエンスの科学

レジリエンスの科学（'24）

装丁デザイン：牧野剛士
本文デザイン：畑中　猛

s-67

まえがき

レジリエンス（resilience）という言葉を聞かれたことはあるでしょうか。この英語の日本語訳は，回復力，復元力です。レジリエンスとは，危機や逆境に対して対応，回復，適応，変革する過程や現象およびその能力や特性のことをいいます。レジリエンスは，今日，学術的にも実務的にも注目されている概念のひとつです。

レジリエンスと聞いてみなさんは何をイメージされますか。例えば，竹を思い浮かべるかたは多いようです。竹は，強風によって大きく揺らぎはするけれど，しなやかに元に戻る強さを持っています。あるいはまた，災害や事故で大切な家族を失った大きな悲しみと喪失感から，時間をかけてゆっくりゆっくり立ち直ってゆくひとの姿にも，レジリエンスを見ることができます。

他にも身近なところにいろいろなレジリエンスがあります。日本人宇宙飛行士の野口聡一さんは，2020年に宇宙船「クルードラゴン」で国際宇宙ステーションに行った際，搭乗する機体を「レジリエンス」と命名しました。これは，新型コロナウイルスやミッションの中で起きる困難な状態に打ち勝つという意味を込めて，クルーの皆で話し合って決めたそうです。

わたしたちの社会の至るところに，レジリエンスが存在します。それは裏返せば，わたしたちの社会には多くの危機や逆境が存在しているということでもあります。生物，個人，都市，地域，企業，国家，民族，生態系など，実に多様な分野において危機や逆境は生じ，そこからしなやかに回復さらには変革を遂げるレジリエンスがあるのです。

本書では，社会におけるいくつかの危機・逆境に焦点を絞り，現代社会におけるレジリエンスの実際と課題，そして可能性を考えます。第１章ではレジリエンスとは何かを概観し，その現代的意義についての問題提起を行います。第２，３，４章では人の心のレリジエンスを扱います。第５章では集団・組織として企業をとりあげて経営危機とレジリエンスについて考えます。第６章はパンデミック（感染症災害）を，第７，８章では自然災害をそれぞれとりあげ，それらへの対応や回復・変革について検討します。さらに第９，10，11章は経済とレジリエンスを扱い，第12，13，14章では地球規模のレジリエンスとして生態系・地球環境劣化にアプローチします。最終章では各章の議論を総括し，レジリエンスを阻むものは何かを検討することを通じて，レジリエンスの可能性を展望します。

困難や危機・逆境のない人生や社会であってほしい。しかし，現実はそうではありません。本書が，これからの人生や社会をよりしなやかで強いものにするための理論的・実践的な手がかりとなれば幸いです。

2023年10月
編著者を代表して
奈良由美子

目 次

1　レジリエンスとは何か

奈良由美子

《目標＆ポイント》　レジリエンス（resilience）とは，危機や逆境に対して対応，回復，適応，変革する過程や現象およびその能力や特性のことをいう。本章においては，まず，レジリエンス概念とその系譜をおさえる。その上で，現代的課題を扱うに際してのレジリエンスの意義を示し，本書全体の構成とねらいを示す。

《キーワード》　レジリエンス，復元力，回復力，システム，復元から変革まで，自然災害，経済危機，パンデミック，SDGs，レジリエンスの主体と客体

1．はじめに：志向される性質，状態としての「レジリエンス」

英語の resilience を日本語に直訳すると「復元力」，「回復力」などとなる。レジリエンスとは，危機や逆境に対して対応，回復，適応，変革する過程や現象およびその能力や特性のことをいう。この概念はさまざまな対象の検討に際して用いられている。生物，個人，都市，地域，企業，国家，民族，生態系など実に多様であり，扱う学問分野も，生態学，心理学，物理学，工学，経営学，政策科学，文化人類学など多岐にわたる。

レジリエンスは学術的研究の対象にとどまるものでは決してない。日常生活の身近なところでも私たちはレジリエンスを見ることができる。レジリエント（resilient）な現象があり，レジリエントなひとがいる。

概してレジリエンスは望ましいものとして扱われることが多い。「あのひとはレジリエントだ」との表現は褒め言葉であり，「レジリエンスを高めよう」とはいっても「レジリエンスを下げよう」とはいわない。備えることが志向される性質，実現することが志向される状態として，レジリエンスは扱われるのである。

2. レジリエンス概念

(1) レジリエンス概念の系譜

レジリエンス概念が最初に用いられたのは1800年代前半の物理学においてであったとされる（水野，2019)。そこでのレジリエンスは，力や圧力をかけても元の状態に戻る物質の性質のことであった。その後，素材の物性を表現する概念として材料工学にも広がっていく。医学領域でも，例えば肺の再生機能や血管の弾性についてレジリエンスという用語が使われるようになる。

1900年代になると，人間や心にも対象が広がり，その能力や資質をあらわすものとしてレジリエンス概念は展開する。レジリエンスは心理学においては，逆境状態にあってストレスを受けても致命的な状態に陥らずに適応や回復すること及びその能力として捉えられている。また，生態学にもレジリエンス概念は援用され，自然災害や人為的開発などにより破壊された生態系が，時間経過の中で回復していく経過やメカニズムを明らかにする際に使われるようになる。

さらにレジリエンスの分析概念は社会生態システムにも展開されていく。自然生態系と人間社会が相互作用していることからその関係性も含めて両方を扱うことで，レジリエンスの解明や課題解決にいっそう近づくことができる。こうした展開によって，レジリエンスの主体は人間，集団，社会となり，したがってレジリエンスに主体の価値観や志向といった要素が関わることとなる。

（2）システム特性としてのレジリエンス

今日レジリエンス概念がもっともよく扱われ議論されている事象のひとつが災害である。災害分野におけるレジリエンス研究では，危機や逆境に見舞われる都市や社会などを「システム」として捉えるアプローチが多い。

災害分野に限らず，レジリエンスの定義にはしばしばシステム概念が用いられる。システムとは，複数の要素（人間，物財，情報，意識，行動など）が，ある目的を達成するために，ある法則にしたがってまとめられたものである。生物の身体，コンピュータなどの人工物，社会集団，森林や都市や地球，さらには生活や経済や政治など，ミクロからマクロまでさまざまな事象・現象はシステムである。それ自身がシステムでありながら同時に他のシステムの一部でもあるものをサブシステムという。

ストックホルム大学ストックホルムレジリエンスセンター（Stockholm Resilience Centre）はレジリエンスを「（個人，森林，都市，経済といった）システムが継続的に変化し適応していく能力」と定義している。「レジリエンスとは，騒乱・擾乱（じょうらん）などのショックに対し，システムが同一の機能・構成・フィードバック機構を維持するために変化し，騒乱・擾乱を吸収して再構築するシステムの能力」（半藤・窪田，2012）といった定義もある。枝廣（2015）は，レジリエンス概念はそれぞれの分野で定義されており一義的に定まったものはないとしつつも，「（システムが）外的な衝撃に耐え，それ自身の機能や構造を失わない力」との共通概念を示し，システム思考によるレジリエンスへのアプローチの有効性を展開している。

当該システムがどれくらいレジリエントであるかを把握するための項目としては，多様性，冗長性，頑健性，資源豊富性，モジュール性，密接なフィードバックなどが一般に指摘されている。このうち多様性とは，同質性の高い要素・部分だけでなく，いろいろな種類からシステムが構成されているかどうかをいう。例えばひとつの資源のみに依存したエネルギー政策は，多様性が小さくレジリエントではない。多種多様なものがあればどれかひとつうまくいかなくても，他の要素が補完したり生き残ったりできる。

モジュール性とは，各部分が互いに自律性を持ちながら結合されているかということである。モジュール性が高ければ，他の部分やそれとの結びつきに問題が生じても，当該部分は自分だけでも成り立つ。例えば，過度に分業化した社会・経済システムの中での生活はモジュール性が低く，自給自足はモジュール性が高いといえる。

かといって，他の部分の状態にまったく無頓着でもいけない。それが密接なフィードバックである。密接なフィードバックとは，システムのある部分に起こる変化を，他の部分が感じて反応する速さと強さのことをいう（枝廣，2015）。自分以外の部分に生じる変化に関する情報を適時適切に得ることが出来なければ，その変化が自分に及ぶ頃には手遅れになってしまうという事態になりうる。

ここまでの考え方は，さまざまなシステムにおいて，また，自然災害以外の望ましくない外力についても同じくあてはまる。本書で扱うテーマや素材にあてはめて整理してみてほしい。

（３）レジリエンスの実態：復元から変革まで

システムの機能と構造ひいては存続に影響を与える擾乱（disturbance）は，分野によってもその内容や呼び方はさまざまである。例えば災害分野ではハザード(hazard)，セキュリティ分野では脅威(threat)，気候変動や心理学の分野ではストレス（stress）である。

水野（2019）や塩崎ら（2015）はシステムのレジリエンスに関する先行研究をレビューし，それらを，工学的レジリエンス，生態学的レジリエンス，社会生態システムのレジリエンスと，おおむね3つのアプローチから整理している。

このうち工学的レジリエンスは，擾乱を受けた後システムが元の平衡状態に迅速に戻る能力である。生態学的レジリエンスは，擾乱を受けてもシステムがその主要な性質を維持する能力である。そして社会生態システムのレジリエンスでは，システムが擾乱を受けた後に元の平衡状態にとどまることができなくても，別の望ましい状態（あらたな平衡）に移行することができればよいとされている。

なお，類似の分類として，システムの回復を構造的レジリエンス，機能的レジリエンス，革新的レジリエンスという3つのタイプで捉えるものもある（大学共同利用機関法人　情報・システム研究機構　新領域融合研究センター システムズ・レジリエンスプロジェクト，2016)。構造的レジリエンスとは，システムが擾乱の前とまったく同じ形・同じ状態に戻るタイプの回復である。機能的レジリエンスについては，システムが機能を同等以上に維持できる限り，異なる構造に変化することも可能であり，そのような回復のタイプを指す。そして，状況によっては，システムは初期の機能や目的を失ったとしても，別の機能・目的を持った新たなシステムとして生まれ変わることができ，このタイプの回復を革新的レジリエンスという。

現実社会にあって生じるさまざまな問題の多くは社会生態システムに関わるものである。実際，危機や逆境から，別の望ましい状態（新たな平衡）に至る過程や現象を，私たちはしばしば目にする。次章以降，さまざまな分野におけるそうした過程や現象について述べていくこととなる。

3．レジリエンスを必要とする現代的課題 −いまなぜレジリエンスが必要か？

（1）国際的動向としての災害レジリエンス

私たちは現在，さまざまな課題に直面している。集団内そして集団間の争い，差別・抑圧の問題，科学技術がもたらす問題，経済破綻，自然災害における人災側面の増大化，パンデミック，地球環境問題など枚挙にいとまがない。2000年頃からは以下に述べるようにさまざまな国際機関でもレジリエンスの重要性を唱えるようになった。

中でも災害は深刻で喫緊の課題のひとつといえる。災害研究の分野では1980年頃からレジリエンスが明示的に用いられ，現在では国連システムや地域機関による防災活動の根幹概念となっている。

災害とレジリエンスとが合わせて考えられるようになったことには，災害対策のパラダイムの変化が大きく関わっている。防災のありようは時代や社会によって一様ではない。わが国のこの半世紀を俯瞰しても，そこには少なくとも3つのパラダイムが指摘される（林，2013）。

ひとつめはいわゆる消防と同義の災害対策である。災害が発生した場合に，当該災害への限定的かつ対症療法的な対策を講じるという考え方である。この方向性は，1961年に災害対策基本法，さらに1978年に大規模地震対策特別措置法が制定される中で変わってくる。被害抑止としての防災を志向するパラダイムへの転換である。高度経済成長の時代だったこともあり，この頃の防災はおもに，強い提防や高速道路，耐震性の高いビルの建設など，建築や土木構造物に対する工学的アプローチが中心であった。

しかしこの考え方も，21世紀に入る頃から見直しを余儀なくされることとなる。その背景には，想定を超える災害が起こるという現実がある。先般の東日本大震災はまさにそうであった。むろん従来の工学的アプローチは引き続き重要である。これに加えて，災害が生じてもそれをうまくいなし，被害を受けてもそこからしなやかに復旧さらには復興できるような対策が志向されるに至った。すなわち，レジリエンスの向上を目指すパラダイムの登場である。

2005年1月，兵庫県神戸市で開催された第2回国連防災世界会議において「兵庫宣言」と「兵庫行動枠組2005－2015」が採択された。レジリエンスはこの行動枠組のキー概念として打ち出された。国連国際防災戦略事務局 UNISDR（2019年より国連防災機関 UNDRR へ名称変更）は，レジリエンスを「ハザードにさらされているシステム，コミュニティ，社会が，リスク管理を通じた本質的な基本構造と機能の維持・回復を含め，適切なタイミングかつ効率的な方法で，ハザードの影響に抵抗し（resist），吸収し（absorb），対応し（accommodate），適応し（adapt），変革し（transform），回復する（recover）能力」と定義している。

2015年には仙台において第3回国連防災世界会議が開催され，「仙台宣言」と「仙台防災枠組2015－2030」がとりまとめられた。そこでもレジリエンスの重要性は継承されている。仙台枠組の中では，災害リスクに対して，より広範で，より人間を中心にした予防的アプローチがなければならないとすると同時に，災害対応の強化，さらには「Build Back Better（より良い復興）」が唱えられている。

災害分野が扱うレジリエンスの概念は，工学的レジリエンスや生態学的レジリエンスの考え方を内包した社会生態システムのレジリエンスとして捉えられる。それが先述のUNISDRが定義するレジリエンス概念にも反映されている。もとより被災は不可逆的であり，とりわけ復興過程ではシステムの適応力と変革力が重要となってくる。このとき，どのような状態が「望ましい状態」(新しい平衡）なのかがシステムによって異なることは，災害レジリエンスを扱う際の重要なポイントとなる。

(2) 経済危機をめぐるレジリエンス

経済危機に関するレジリエンスにも関心が高まってきている。2013年，経済協力開発機構（OECD）においてレジリエンスが明確に取り上げられた。OECDの代表としてDr. Mitchellがとりまとめたワーキングペーパーがそれである (Mitchell，2013)。そのタイトルは“Risk and resilience: From good idea to good practice”であり，この中のriskは，2008年のリーマン・ショックに端を発した経済危機のことを指している。このワーキングペーパーでは，レジリエンスを「世帯，コミュニティ，国家がショック――長期的なストレスや変化，不確実性をもたらすほどのショック――に直面しても，これを吸収し，回復し，自らの構造や活動手段を積極的に適応・変革させる能力のこと」と定義している。

さらに2014年に，OECD（2014）はレジリエンスに関するガイドライン“Guidelines for resilience systems analysis: How to analyze risk and build a roadmap to resilience”を提示した。その中では，レジリエンスは，3つのタイプの能力を強化することで高めることができるとしている。それらは，安定性を創出するための吸収能力（absorptive capacity)，柔軟性を創出するための適応能力（adaptive capacity)，変化を自ら創出して状況に適応するための変革能力（transformative capacity）である。OECDもシステム・アプローチを採用してレジリエンス・システム分析を行っており，各システムが３つのタイプの能力を高めるためのアクションの具体例も示している。このように，OECDは経済危機を含め世界的なさまざまな危機への対応能力を高める必要性を指摘するとともに，これに対する助言を行っている。

（３）パンデミックをめぐるレジリエンス

パンデミックに関してもレジリエンスが必要とされている。その大きな契機となったのは新型コロナウイルス感染症（COVID-19）の世界的流行である。COVID-19は2019年12月，中華人民共和国武漢市において確認された。世界保健機関（WHO）は，2020年１月30日，COVID-19について，「国際的に懸念される公衆衛生上の緊急事態」を宣言，３月11日にはCOVID-19パンデミック（世界的な大流行）を表明した。世界中の国々，医療機関や企業，教育機関などの集団・組織，そして個人を含めたあらゆるレベルのシステムが影響を受け，対応に追われ続けた。COVID-19は，世界中の保健，経済，社会システムの弱点を露呈させ，各国は大きな混乱と膨大な経済損失を経験した。

そのような状況の中，2021年10月19日，世界保健機関（WHO）は，パンデミックから回復する国々を支援するため，ポジションペーパー（立場表明書）“Building health systems resilience for universal health coverage and health security during the COVID-19 pandemic and beyond”（COVID-19パンデミック時およびそれ以降におけるユニバーサル・ヘルス・カバレッジ（UHC）と医療保障のための医療システム・レジリエンスの構築）を発表した。この発表は，医療システムの対応力・回復力の向上を強く求める世論と政治要請の中で行われた。

そこでは，これまで人類は公衆衛生上の緊急事態を経験してきたものの，今回のCOVID-19は，各国の保健システムがこの規模のパンデミックに対して十分に準備されていなかったことを証明したとしている。死亡率や症例数を比較的低く抑えた優れた実践や革新の例は存在するが，その成功は，しばしば経済活動，精神的健康，個人の自由を犠牲にしたとも述べている。

同ペーパーでは，人口動態の変化，気候変動，土地利用の変化，森林破壊，動物と人間の接近の増加など，保健分野を超えた問題が，人口密度の増加やグローバル化と相まって，さらなるパンデミックやその他の危機の可能性を高めていると，近い将来の危機に警戒感を示す。その上で，われわれはこれまでとは違うやり方を志向する義務があり，それがよりレジリエントな医療システムを構築することだと述べている。ここでのレジリエンスは，「ハザードにさらされたシステム，コミュニティ，社会が，ハザードの影響に適時かつ効率的に抵抗，吸収，収容，適応，変革，回復する能力のこと」と定義されている。

将来の経済的・社会的損失を回避するという大きな見返りを考えれば，レジリエントな保健システムへの今のうちの投資は，決して贅沢品ではなく，社会・経済・政治の安定の基礎と考えるべきであるとして，将来のパンデミックに対してより公平でレジリエントな社会を構築するために，資源をより効率的に活用し，事前投資を行うことの，世界的な備えの必要性を主張している。

（4）SDGsにおけるレジリエンス

レジリエンス概念は，「持続可能な開発目標（Sustainable Development Goals: SDGs）」（『我々の世界を変革する：持続可能な発展のための2030アジェンダ』2015年9月25日 国連総会において採択）の前文や宣言，目標（ターゲット）の中にも頻繁に登場する。該当箇所を**表1－1**に示す。貧困層や脆弱な状況にある人々のレジリエンス，レジリエントな農

表1－1　SDGsとレジリエンス（レジリエント）（アンダーラインは著者による）

箇所	文章
前文	すべての国及びすべてのステークホルダーは，協同的なパートナーシップの下，この計画を実行する。我々は，人類を貧困の恐怖及び欠乏の専制から解き放ち，地球を癒やし安全にすることを決意している。我々は，世界を持続的かつレジリエントな道筋に移行させるために緊急に必要な，大胆かつ変革的な手段をとることに決意している。我々はこの共同の旅路に乗り出すにあたり，誰一人取り残さないことを誓う。
宣言	住居が安全，レジリエントかつ持続可能である世界。
宣言	技術開発とその応用が気候変動に配慮しており，生物多様性を尊重し，レジリエントなものである世界。
宣言	我々は，生産能力・生産性・生産雇用の増大，金融包摂，持続可能な農業・畜産・漁業開発，持続可能な工業開発，手頃で信頼できる持続可能な近代的エネルギー供給へのユニバーサルなアクセス，持続可能な輸送システム，質の高いレジリエントなインフラにおいて，生産能力，生産性，生産雇用を増大させる政策を採用する。
宣言	我々は，移民に対し，その地位，難民及び避難民を問わず，人権の尊重や人道的な扱いを含む安全で秩序だった正規の移住のための協力を国際的に行う。このような協力は，とくに開発途上国において難民を受け入れているコミュニティのレジリエンスを強化することにも注力すべきである。
宣言	我々は，持続可能な観光事業，水不足・水質汚染への取組を促進し，砂漠化，砂塵嵐，浸食作用，干ばつ対策を強化し，レジリエンスの構築と災害のリスク削減にむけた取組を強化する。
目標1『貧困をなくそう』ターゲット1.5	2030年までに，貧困層や脆弱な状況にある人々のレジリエンスを構築し，気候変動に関連する極端な気象現象やその他の経済，社会，環境的ショックや災害に対する暴露や脆弱性を軽減する。
目標2『飢餓をゼロに』ターゲット2.4	2030年までに，生産性を向上させ，生産量を増やし，生態系を維持し，気候変動や極端な気象現象，干ばつ，洪水及びその他の災害に対する適応能力を向上させ，漸進的に土地と土壌の質を改善させるような，持続可能な食料生産システムを確保し，レジリエントな農業を実践する。

目標9	レジリエントなインフラ構築，包括的かつ持続可能な産業化の促進およびイノベーションの推進を図る。
目標9『産業と技術革新の基盤をつくろう』ターゲット9.1	全ての人々に安価で公平なアクセスに重点を置いた経済発展と人間の福祉を支援するために，地域・越境インフラを含む質の高い，信頼でき，持続可能かつレジリエントなインフラを開発する。
目標9『産業と技術革新の基盤をつくろう』ターゲット9.a	アフリカ諸国，後発開発途上国，内陸開発途上国及び小島嶼開発途上国への金融・テクノロジー・技術の支援強化を通じて，開発途上国における持続可能かつレジリエントなインフラ開発を促進する。
目標11	包括的で安全かつレジリエントで持続可能な都市および人間居住を実現する。
目標11『住み続けられるまちづくりを』ターゲット11.b	2020年までに，包含，資源効率，気候変動の緩和と適応，災害に対するレジリエンスを目指す総合的政策及び計画を導入・実施した都市及び人間居住地の件数を大幅に増加させ，仙台防災枠組2015－2030に沿って，あらゆるレベルでの総合的な災害リスク管理の策定と実施を行う。
目標11『住み続けられるまちづくりを』ターゲット11.c	財政的及び技術的な支援などを通じて，後発開発途上国における現地の資材を用いた，持続可能かつレジリエントな建造物の整備を支援する。
目標13『気候変動に具体的な対策を』ターゲット13.1	全ての国々において，気候関連災害や自然災害に対するレジリエンス及び適応の能力を強化する。
目標14『海の豊かさを守ろう』ターゲット14.2	2020年までに，海洋及び沿岸の生態系に関する重大な悪影響を回避するため，レジリエンスの強化などによる持続的な管理と保護を行い，健全で生産的な海洋を実現するため，海洋及び沿岸の生態系の回復のための取組を行う。

業，レジリエントなインフラ，災害に対するレジリエンス，レジリエントな建造物の整備，海洋及び沿岸の生態系のレジリエンスと，さまざまな対象や分野におけるレジリエンスの向上を唱えている。SDGs にとってレジリエンスは重要な概念だということが見て取れよう。

中でも目標 9 は「レジリエントなインフラ構築，包括的かつ持続可能な産業化の促進およびイノベーションの推進を図る」，目標11は「包括的で安全かつレジリエントで持続可能な都市および人間居住を実現する」と，それぞれ目標そのものにレジリエントという用語が使われている。

4．レジリエンスの主体と客体：本書の構成とねらい

本書ではレジリエンスの実際や可能性について，全15章から考えていく。その構成枠組みとして，まずはここでレジリエンスの主体と客体について整理しておこう。主体とはすなわち「誰にとってのレジリエンスか」，客体とは「何に対するレジリエンスか」ということである。

レジリエンスの主体には，あらゆるレベルの人やそのまとまり（すなわちシステムと呼び得るもの）がありうる。具体的には，個人，家族・親族，地域，集団・組織，民族，国家，社会，地球である。

レジリエンスの客体（危機や逆境）には，心的外傷・ストレス，自然災害，病（感染症など），飢饉，生態系劣化，差別・抑圧，経済破綻・格差，争い（紛争，戦争），エネルギー資源枯渇，地球環境劣化，地球温暖化，科学・情報技術（不適応・管理不全），人為災害などがあげられる（奈良・稲村，2018）。

本書では，このうち，主体としては個人，集団・組織，社会，地球に，客体としては心，病，自然災害，経済破綻・格差，生態系及び地球

環境劣化に焦点を絞る。とくに，現在進行形の現代的課題を扱い，その解決の手がかりを探ることで，レジリエンスの可能性を考えたい。

第1章ではレジリエンスとは何かを概観し，その現代的意義についての問題提起を行った。続く第2，3，4章では個人のレリジエンスを扱う。人間の心に着目し，心のレジリエンスのプロセス，個人差，発達について考えていく。第5章では集団・組織のレジリエンスを検討する。複数の人間からなる集団・組織として企業をとりあげ，経営危機とレジリエンスについて考える。

第6章は，個人と社会全体にとってのレジリエンスのあり方について，パンデミック（感染症災害）をテーマに考察する。レジリエンスの主体は個人，社会であり，客体は感染症となる。第7，8章では，やはり個人と社会の抱える現代的課題としての自然災害をとりあげ，防災の分野におけるレジリエンスを考える。レジリエンスの主体は個人，社会であり，客体は自然災害となる。

個と全体とから複眼的にレジリエンスをさらに考察するべく，第9，10，11章は経済とレジリエンスを扱う。ここでのレジリエンスの主体は個人，社会であり，客体は経済破綻・格差となる。そして第12，13，14章では地球規模のレジリエンスとして生態系・地球環境劣化にアプローチする。これらの章でのレジリエンスの主体は社会，地球になる。そして客体は生態系及び地球環境劣化である。

最終章ではまとめとして各章の議論を総括し，レジリエンスを阻むものは何かを検討することを通して，レジリエンスの可能性を展望する。

本書全体の主張を先取りして述べると，レジリエンスは静態的にそこにあるものではなく，動態的に各主体が高めていけるものである。その際，「レジリエンスはこうあるべき」と他者から押しつけられたり決めつけられたりするものではない。各主体が自ら変革して手にするものである。ただし，ある主体のレジリエンスの実現が他の主体あるいは全体のそれを阻害することはあり得る。

その場合も含めて，レジリエンスはあらゆるひとにとって自分ごととなるテーマである。Norris ら（2008）は，コミュニティにおけるレジリエンスを「ネットワーク化された適応能力の集合体」としている。システムのあらたな，そしてよりよい平衡への変革をもたらし，レジリエンスをおしあげる過程に，私たちひとりひとりは関与できる。読者には是非，自身の身の回りの現象や課題をレジリエンス概念を持って捉え直していただきたい。その上で，どのような課題解決の手がかりがあり得るかを一緒に考えよう。

参考文献

浦野正樹（2007）「脆弱性概念から復元・回復力概念へ――災害社会学における展開」浦野正樹・大矢根淳・吉川忠寛（編）『復興コミュニティ論入門』弘文堂

枝廣淳子（2015）『レジリエンスとは何か―何があっても折れないこころ，暮らし，地域，社会をつくる』東洋経済新報社

塩崎由人・加藤孝明・菅田寛（2015）自然災害に対する都市システムのレジリエンスに関する概念整理　土木学会論文集 D 3（土木計画学），71(3)，127－140.

大学共同利用期間法人　情報・システム研究機構　新領域融合研究センター　システムズ・レジリエンスプロジェクト（2016）『システムのレジリエンス―さまざまな擾乱からの回復力―』近代科学社

奈良由美子・伊勢田哲治（2009）『生活知と科学知』放送大学教育振興会

奈良由美子・稲村哲也編著（2018）『レジリエンスの諸相―人類史的視点からの挑戦』放送大学教育振興会

奈良由美子（2023）「レジリエンス：概念の系譜」日本災害復興学会編『災害復興学事典』朝倉書店

林春男（2013）「信頼される建築・都市の構築に向けて」，『信頼される建築物・社

会基盤の構築とその危機管理』東京理科大学総合研究機構危機管理・安全科学技術研究部門報告書

半藤逸樹・窪田順平（2012）「レジリアンス概念論」香坂玲（編著）『地域のレジリアンス―大災害の記憶に学ぶ―』清水弘文堂書房

水野由香里（2019）『レジリエンスの経営戦略』白桃書房

Adger, W. N. (2000) Social and ecological resilience: Are they related? *Progress in Human Geography*, 24(3), 347-364.

Holling, C.S. (1996) Engineering Resilience versus Ecological Resilience. Schulze, P. E., Ed., *Engineering within Ecological Constraints*, National Academy Press, 31-43.

Mitchell, A. (2013) Risk and resilience: From good idea to good practice. OECD Development Co-operation Working Papers No.13

Norris, F. H., Stevens, S. P., Pfefferbaum, B., Wyche, K. F., Pfefferbaum, R. L. (2008). Community resilience as a metaphor, theory, set of capacities, and strategy for disaster readiness. American Journal of Community Psychology, 41

OECD (Organisation for Economic Co-operation and Development) (2014) Guidelines for resilience systems analysis: How to analyze risk and build a roadmap to resilience.
https://www.oecd.org/dac/Resilience%20Systems%20Analysis%20FINAL.pdf

Stockholm Resilience Centre "What is resilience?" (2015)
https://www.stockholmresilience.org/research/research-news/2015-02-19-what-is-resilience.html

UNISDR (United Nations International Strategy for Disaster Reduction) (2009) 2009 UNISDR Terminology on Disaster Risk Reduction.

UNDRR (United Nations Office for Disaster Risk Reduction) (2015). Sendai Framework for Disaster Risk Reduction 2015-2030
https://www.undrr.org/publication/sendai-framework-disaster-risk-reduction-2015-2030

WHO (World Health Organization) (2021) Building health systems resilience for universal health coverage and health security during the COVID-19 pandemic and beyond: WHO position paper
http://apps.who.int/iris/handle/10665/346515

2 心のレジリエンスのプロセス

平野　真理

《目標＆ポイント》 ストレスフルな出来事に直面したとき，人々の心は衝撃を受けながらも前に進もうとする力を持っている。そうした心の適応・回復の現象すなわちレジリエンスが，どのようなプロセスで進むかについて，具体的な状況に照らし合わせて理解する。
《キーワード》 レジリエンス・プロセス，ストレス反応，PTSD，PTG

1．心のレジリエンスのプロセス

（1）目に見えない心の回復

心のレジリエンスとは，何らかのストレスフルな出来事や困難に直面して衝撃を受けた後に，そこから回復し，適応していく現象を指す概念である。私たちの心は，ストレスやショックを受けると，まるで何かに押しつぶされたように機能しなくなってしまったり，壊れてしまったかのように感じる。しかし，そのショック状態でずっと止まっているわけではなく，時間の経過とともに苦しさから解放される方向に向かっていこうとする。

いうまでもなく，心の中で起こっているそうした現象は目に見えないものであり，観察可能な質量の変化や，物理的な動きがあるわけではない。そこで代わりに，物体のレジリエンスを思い浮かべてみよう。例えば，低反発マットレスにギュッと手を押し付けて圧力をかけると，マットレスは手の形にへこむが，その後ゆっくりと元の形に戻っていき，へこみは跡形もなくなるだろう。空気の入ったボールを水の中に押し沈めたらどうだろうか。押さえつけている手がなくなった瞬間に，ボールは勢いよく水面に向かって浮上するはずだ。踏みつぶされた雑草はどうだろう。しばらくはつぶれたままかもしれないが，いつの間にか陽の光に向かって前よりも大きく草を伸ばしているかもしれない。

では，私たちの心は，押しつぶされた状態からどのように回復，あるいは変化していくのだろうか。結論からいうと，そのプロセスは人によって，状況によって，さまざまである。心のレジリエンスは物体のレジリエンスとは違って，すべての人にあてはまる物理法則のような回復の動きがあるわけではない。

（２）時間軸で異なる力

そうした多様性があることを踏まえた上で，心のレジリエンスのプロセスは，便宜的に**図２-１**のようなＶ字曲線で説明されることが多い。縦軸が精神的健康や適応の度合い，横軸が時間経過を表している。ここでは，ストレスがかかっていない状態をベースラインと考え，「困難・脅威をもたらす出来事」によって急激に心の機能が下がり，その後，徐々に元の水準まで回復していくまでをレジリエンスととらえている。ちなみにレジリエンスという言葉を辞書で引くと，"the capacity to recover quickly from difficulties; toughness." (Oxford Dictionary) と示されており，「素早く (quickly)」という要素が含まれているが，実際には，どのくらいの時間で回復すればレジリエンスと見なせるという基準があるわけではない。

図２-１の曲線を見ると，一連のレジリエンス・プロセスの中には時系列によって大きく異なる３つの方向の力が生じていることがわかる。１つ目はＶ時の左側の時点（ａ～ｂ）であり，困難・脅威をもたらす

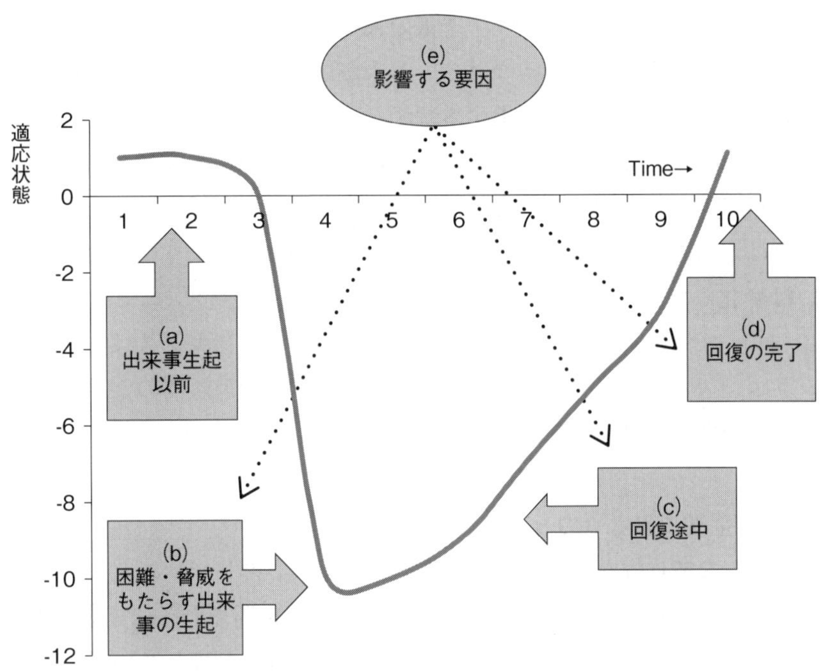

図 2-1　レジリエンス・プロセスの概念図（小塩，2012より）

出来事が生起した際に，急激な落下をしない力であるといえる。2つ目はV字の底の折り返しの時点（b直後）であり，落ち込み留まった状態から，前に進む方向へと転換する力である。3つ目はV時の右側の時期（c～d）であり，回復の道を進んでいく力である。これらは同じレジリエンスという言葉で表される現象でありながら，力の質やベクトルが違うことが見て取れるだろう。

また**図 2-1**には，各時点において何らかの要因が影響することが示されている（e）。この要因には，環境要因も個人要因も存在する。先に挙げた，マットレスやボールのレジリエンスの例のように，放っておけば，物理法則に基づいて自動的に元の状態に戻る場合もあるが，多くの場合，衝撃によって崩れた状態からの回復においては，何らかの手助けや工夫が必要となる。例えばひっくり返ってしまったカブトムシが起きあがるには，外部からの力が不可欠であろう。身体を怪我した場合，自然治癒力が働くこともあるが，傷を治癒させるためには，はじめに何らかの処置を要することがある。このように，レジリエンスは心の持つ回復力のことを指す概念ではあるが，それは心の独立した機能ではなく，さまざまな要因の影響を受けながらたどるプロセスであるといえる。

ここからは，レジリエンスの異なる側面である「崩れない力」（V字の左〜底）と「回復・適応を歩む力」（V字の右側）のそれぞれの力について，より細かく見ていこう。

2．出来事に直面したとき：崩れない力

（1）ストレス反応

人の心が衝撃的なライフイベントに晒されたとき，どのような反応が起きるのだろうか。キャノン（Cannon, 1929）は，生体が何らかの負荷をかけられた際に，その衝撃の種類に応じて自身を適切な状態に保とうとする反応を示すことを説明した。例えば「恐怖」という衝撃を感じた時には交感神経が活性化し，闘争あるいは逃走（fight or flight）に向かおうとする危急反応が現れるとする。一方でセリエ（Selye, 1976）は，衝撃の種類に関係なく副腎皮質ホルモンの変化が起こり，衝撃に対して適応的な反応が見られると説明し，その現象を汎適応症候群として説明した。

日本人への調査によって明らかにされた一般的なストレス反応として

表2－1　心理的ストレス反応尺度に含まれる因子
（新名他，1990）

情動的反応	抑うつ気分，不安，不機嫌，怒り
認知的反応	自信喪失，不信，心配，思考力低下，非現実的願望，無気力，引きこもり，焦燥

は，**表2－1**のようなものが挙げられる。感情面では，「気持ちが沈む」「何となく心配だ」といった抑うつ・不安，「怒りを感じる」「いらいらする」といった不機嫌・怒り，「根気がない」「話や行動がまとまらない」といった無気力という反応が中心となる（鈴木他，1997）。

（2）心的外傷後ストレス症状

さらに，生死を脅かすほどのショック体験をした場合には，心的外傷後ストレス反応（Post-traumatic Stress Reaction: PTSR）あるいは心的外傷後ストレス症状（Post-traumatic Stress Symptoms: PTSS）と呼ばれる反応が生じ得る。PTSSには，出来事に関する不快で苦痛な記憶が突然よみがえり感情が揺さぶられる侵入症状，出来事をできるだけ思い出したり考えたりしないように避けようとする回避症状，神経が過敏になり集中力がなくなったり少しの刺激にも反応しやすくなる過覚醒症状が含まれるとされている（Weiss, 2004; Asukai *et al.* 2002）。これらの症状は具体的にはどのような体験なのだろうか。**表2－2**に挙げられているのは，東日本大震災後のストレス反応についての調査を行うために用いられたストレス反応尺度の項目である。中には病的な印象を受けるものもあるかもしれないが，これらは生死が脅かされるほど強いショック体験をした際には誰にでも起こりうる反応である。

ただし，これらPTSR/PTSSの症状が長期にわたって継続する場合には，心的外傷後ストレス障害（Post-traumatic Stress Disorder: PTSD）

表2-2　震災後の急性ストレス反応尺度（高橋・桑原・松井，2014）

見た情景が現実のものと思えなかった
自分や周りの人の身にとても危険を感じた
どのように動いたらいいのかわからなくなった
寝付きが悪くなったり，眠りが浅くなったりした
一時的に時間の感覚が麻痺した
被災当時に受けた衝撃が，数時間しても目の前から消えなかった
食べ過ぎるか，食べたいという気持ちが出なかった
避難する上で，重要なものとそれほどでないものとの判断が難しくなった
強い動悸がした
とても混乱したり，興奮していて合理的な判断ができなかった
とてもイライラしたり，ちょっとしたことでも気にさわった
防災グッズをどこに置いたかまったく忘れてしまい，思い出せなかった
わけもなく怒りがこみあげてきた
胃がつかえたような感じがした
一時的に頭痛がした
吐き気をもよおした
おびただしい汗をかいた

の発症につながる。海外で行われたレビューによると，PTSDは災害の直接の被災者の30～40%，支援者の10～20%，一般市民の5～10%に認められることが報告されており（Neria *et al.* 2007），さほど珍しいことではない。

2011年3月11日の東日本大震災から半年後に，関東地方の自治体職員を対象に行った調査では，被災後にPTSDに該当する症状を呈している者（診断基準には満たない予備軍を含む）が未だ約2割も存在していた（津野他，2014）。中でも震災によって怪我を負った人は3割以上がPTSD症状を示していた。さらに，震災の約2年後の2013年2月に，原発事故のあった福島県において避難指示の指定を受け避難した仮設住宅の住民を対象に行った調査では，6割以上の人がPTSD症状を示していた（辻内他，2016）。また，新型コロナウイルス感染症のパンデミックにおいて医療従事者を対象に中国で行われた調査（Lai *et al*. 2020）では，3割以上がPTSD症状を示していたことが報告されている。PTSD発症のリスクは，身体的なダメージや，破壊されたものが大きいほど高くなることが明らかになっているが（Neria *et al*. 2007），原発事故やパンデミックのように情報が不明確であったり，長期にわたり恐怖に晒されることもリスクを高める可能性が大きいといえる。

また被災者遺族のように，突然に大切な人を失った際には，急性悲嘆（acute grief）と呼ばれる反応が起こることもある。急性悲嘆反応としては，波のような悲しみの襲来や，現実感の喪失，罪悪感，苛立ち，焦燥感などが挙げられる（山本，2014）。

（3）ストレス反応を緩衝しようとする心の反応

こうしたストレス反応をもたらす衝撃から心を守り，その衝撃を和らげようとする現象が，レジリエンスのV字（**図2-1**）の左半分の力である。まず私たちの心は，知らず知らずのうちにショックから自分を守るためのはたらきを行うことがある。防衛機制とは，そのように無意識にストレスから心を守ろうとして行っている認知的な処理のことを指す概念である。防衛機制にはさまざまな種類があるが，衝撃的な出来事に対する反応に関わるものでいえば，抑圧（いま起こっていることを考えないように心の底に押し込めようとする）や，知性化（抽象的思考によって知的に把握しようとすることで感情を低減させようとする），反動形成（つらさとは真逆の感情を抱いて適応しようとする），否認（つらい出来事が起こったことを認めずに現実の認識をゆがめる）などが挙げられるだろう。

また，私たちは衝撃をもたらす状況に対して意識的に対処方略をとることもある。その中でも，ストレス状況に対する認知的な対処方略は，ストレス・コーピングとよばれる。ストレス・コーピングにもさまざまな種類があるが，肯定的解釈（状況の悪い面だけでなく良い面を見つける），カタルシス（他者に気持ちを吐き出すことで気持ちを楽にさせる），気晴らし（気持ちをコントロールする），計画立案（解決に向けてすべきことを前向きに考える）などがある（神村他，1995）。

このように私たちの心は，衝撃的な出来事に直面したとき，誰もが多かれ少なかれストレス反応を示すが，同時にそのストレス反応を低減させようとする力を，無意識的にも意識的にも機能させることで，「崩れない」ようにしているのである。

3．出来事のあと：回復・適応を歩む

（1）元に戻っていく

では次に，衝撃を受けストレス反応を示した後のプロセスにはどのような道のりがあるのか見ていこう。まずは，衝撃を受ける前の状態に向かう，すなわち「元に戻っていく」道のりである。先に示したようなPTSR/PTSS症状をはじめとしたさまざまな精神症状は，通常であれば時間と共に消失していく。ただし，東日本大震災の被災救援者に対して行われた縦断調査では，被災後1～2年ではまだほとんど症状は変わらないことが報告されており，出来事のインパクトが大きければこのプロセスには長い時間を要する（庄司他，2019；山口他，2016）。

こうした道のりは，段階的なモデルで説明されることが多い。例えば平山（1997）は，正常な悲嘆反応に伴う悲哀のプロセスを，①パニック

（ショック，否認など），②苦悶（悲しみ，絶望など），③抑うつ，④無気力，⑤現実直視，⑥見直し（意味の探求，希望など），⑦自立・立ち直りの７段階で説明している。また松井他（1996）は，災害遺族の心理プロセスについて，死後直後においては①精神的打撃と麻痺，②パニックと不安，③否認，その後の喪失への直面の段階として④怒りを中心とする強烈な情動，⑤思慕と探索，⑥混乱と抑うつ，⑦死の意味の探求，死の社会化，その後の適応と希望の段階として⑧あきらめと受容，⑨希望という段階があるという仮説を示している（松井他，1996）。

（２）戻らないけれど歩む

一方で私たちが直面する逆境には，心を元に戻すことが不可能な状況も存在する。それは不可逆的な病理であったり，心的機能の喪失であったりするものである。そうした場合のレジリエンス・プロセスは，心的機能を回復させていく道のりとは異なり，心的機能は低下したままであるが，崩れ切らずに保ち，進んでいく道のりとなるだろう。すなわち「戻らないけれど歩むプロセス」である。

東日本大震災の被災者を７年間追った研究（酒井・渥美，2019）の中に，このような被災者の語りがある。

> 【震災後４年目】「奥さんが死んだ。家がなくなった。母親が死んだ。誰もいなくなった。早く死にたい」
> 【震災後７年目】「放送大学の通信教育を受けている。死にたいという思いはあるが，今は放送大学を終えるように勉強しようと思う」
>
> 酒井・渥美（2019）より一部抜粋

この被災者は震災ですべてを失い，７年経ってなお，死にたい気持ちから逃れることはできずにいる。つまり，希死念慮という観点からいえば，回復することができていないが，何とか死にたい気持ちを抱え，前に進み，生き続けている。こうした状態，すなわち精神的健康が回復されない状態は，レジリエンスに含めないとする研究者もいる。しかし人間理解の視点からいえば，崩れ切らずに何とか進んでいくこの力は，まぎれもなく逆境の中を生き抜く力，レジリエンスである。シンプルな上り坂よりもむしろ，登る道が見えずに歩んでいく道の方がずっと力を要するものであるといえる。ドイツのことわざにおいて，「ユーモアとは，『にもかかわらず笑う』ことである（Humor ist, wenn man trotzdem lacht)」といわれているが，こうしたレジリエンスのプロセスは，「にもかかわらず歩む」力といえるかもしれない。

(3) 変わっていく，補償していく

最後に挙げるのは，「変わっていくプロセス」である。先に述べたように，人の心のレジリエンス・プロセスは，シンプルに元に戻るものばかりではない。しかし私たちは，その逆境の中を生きていくためにもがく中で，自分の心を変化させて適応していく。

人の心はもともと，失った機能を他の機能で補っていける可塑性を持っている。例えば，適切な時期の発達に失敗したとしても，その後の他の環境での経験や他者とのかかわりの中でそれを取り戻していけることは，発達心理学の多くの研究で示されている。つまりレジリエンス・プロセスにおいて，ある部分の心的機能が回復しなかったとしても，他の部分に新たな変化や豊かさが拡がっていく場合がある。

心的外傷後成長（Post Traumatic Growth: PTG）とは，トラウマ体験ののちに，人間的な変化がもたらされることに関する概念である。具体的には，他者との関係の肯定的変化や，新たな価値観を得ること，人

間としての強さを得ること，人生への感謝などが挙げられる（新名他，1990)。PTGは，V字の右側の回復のその先に続くさらなる向上として描かれることもあるが，必ずしも回復の先にあるものではなく，回復プロセスと並行して生じるものである。また，成長という語からは，「より良くなる」という評価的な印象を受けるが，実際には「質的な変化」として捉えた方が適切であろう。以上のように，レジリエンス・プロセスとして表現されるV字の右側，すなわち回復・適応を歩む力のプロセスは，図に表されるようなシンプルな直線だけではなく，さまざまな道のりがあるということに留意が必要である。

引用文献

池内裕美・藤原武弘（2009）喪失からの心理的回復過程　社会心理学研究，24(3)，169-178

神村栄一・海老原由香・佐藤健二（1995）対処方略の3次元モデルの検討と新しい尺度（TAC－24）の作成　教育相談研究，33，41-47

酒井明子・渥美公秀（2020）東日本大震災後の被災者の心理的回復過程―震災後7年間の語りの変化―　実験社会心理学研究，59(2)，74-88

庄司正枝・叶谷由佳・本多由起子（2019）東日本大震災で被災した災害救援者の経時的ストレス反応　日本看護研究学会雑誌，42(1)，123-133

鈴木伸一・嶋田洋徳・三浦正江・片柳弘司・右馬埜力也・坂野雄二（1997）新しい心理的ストレス反応尺度（SRS－18）の開発と信頼性・妥当性の検討　行動医学研究，4(1)，22-29

髙橋幸子・桑原裕子・松井豊（2014）東日本大震災で被災した自治体職員の急性ストレス反応　ストレス科学研究，29，60-67

辻内琢也，小牧久見子，岩垣穂大，増田和高，山口摩弥，福田千加子，石川則子，持田隆平，小島隆矢，根ヶ山光一，扇原淳，熊野宏昭（2016）福島県内仮設住宅居住者にみられる高い心的外傷後ストレス症状―原子力発電所事故がもたらした身体・心理・社会的影響―　心身医学，56(7)，723-736

津野香奈美・大島一輝・窪田和巳・川上憲人（2014）東日本大震災6ヶ月後における関東地方の自治体職員のレジリエンスと心的外傷後ストレス症状との関連　産業衛生学雑誌，56(6)，245-258

新名理恵・坂田成輝・矢冨直美・本間昭（1990）心理的ストレス反応尺度の開発　心身医学，30(1)，29-38

藤原武弘（1997）1995　阪神大震災による災害ストレス反応　関西学院大学社会学部紀要，77，51-54

松井豊・鈴木裕久・堀洋道・川上善郎（1996）日本における災害遺族の心理に関する研究の展望2　聖心女子大学論叢，87，258-233

山川裕子（2006）うつ病患者の回復過程における改善の認識　川崎医療福祉学会誌，16(1)，91-99

山口摩弥・辻内琢也・増田和高・岩垣穂大・石川則子・福田千加子・平田修三・猪股正・根ヶ山光一・小島隆也・扇原淳・熊野宏昭（2016）東日本大震災に伴う原発事故による県外避難者のストレス反応に及ぼす社会的要因―縦断的アンケート調査から―　心身医学，56(8)，819-832

山本力（2014）喪失と悲嘆の心理臨床学　誠心書房

Asukai, N., Kato, H., Kawamura, N., Kim, Y., Yamamoto, K., Kishimoto, J., Miyake, Y., Nishizono-Maher, A. (2002) Reliability and validity of the Japanese-language version of the Impact of Event Scale-Revised (IES-R-J): Four studies on different traumatic events. *The Journal of Nervous and Mental Disease* 190, 175-182.

Cannon, W. B. (1929). Bodily Changes in Pain, Hunger, Fear, and Rage. *Researches into the Function of Emotional Excitement*. Harper and Row, New York.

Lai, J., Ma, S., Wang, Y., *et al*. (2020) Factors associated with mental health outcomes among health care workers exposed to coronavirus disease 2019. JAMA Netw. Open, 3; e203976.

Neria, Y., Nandi, A., & Galea, S. (2007) Post-traumatic stress disorder following disasters:a systematic review. *Psychol Med* 38, 467-480.

Selye, H. (1976). The stress concept. *Canadian Medical Association Journal*, 115(8), 718.

Tedeschi, R. G., & Calhoun, L. G. (1996) The Posttraumatic Growth Inventory: Measuring the positive legacy of trauma. *Journal of traumatic stress*, 9, 455-471.

Yabe, H. , Suzuki, Y., Mashiko, H. *et al*. Psychological distress after the Great East Japan Earthquake and Fukushima Daiichi Nuclear Power Plant accident: results of a mental health and lifestyle survey through the Fukushima Health Management Survey in FY 2011 and FY 2012. *Fukushima J Med Sci* 60: 57-67, 2014

3 心のレジリエンスの個人差

平野　真理

《目標＆ポイント》 ストレス状況に直面した際に，人の心が「どのように」適応・回復していくかには個人差がある。そうした個人差を理解する視点を複合的に学ぶとともに，その個人差をもたらす要因や，個人差に沿ったレジリエンス理解のあり方を考える。
《キーワード》 レジリエンシー，尺度，レジリエンス要因，ソーシャルサポート，性格，志向性

1．心のレジリエンスの個人差

（1）心のレジリエンスの数値化

第2章では，心のレジリエンスのプロセス，すなわち，強いストレスや衝撃を受けた心がどのように回復・適応していくかの道のりについて確認した。ただしそれらは，あくまでも一般化した説明であり，実際のレジリエンスのプロセスは個人によってさまざまである。では，同じようなストレス状況に置かれた際に，ストレス反応の大きさや，回復のあり方の違いをもたらす要因は何なのだろうか。本章では，そうしたレジリエンスの個人差について見ていこう。

心のレジリエンスは目に見える現象ではないため，その力をどのように可視化するかが課題となる。研究を行う上では，他の変数との関連を検討するためにも，尺度によって数値化することが多い。まず，何らかのストレスフルな体験をしたあとにレジリエンスが示されたかを評価す

るにあたって，最もシンプルに用いられている指標は，体験直後のPTSS/PTSR症状がどの程度であったのか（＝どの程度崩れたか），そしてその後，時間を経てPTSS/PTSR症状がどの程度減少・消失したか（＝回復したか）という指標である。ただし，レジリエンスが求められる場面はトラウマ体験には限らないため，すべてに適用できるわけではない。

もともと心のレジリエンスの研究は，ハイリスクな環境（貧困や親の精神疾患など）に生まれながらも適応的な発達を遂げた子どもたちを「レジリエントな子ども」と呼び，彼らがどのような特徴を持っているのかを探ることに焦点があてられていた。つまり，レジリエンスを示せる人と，そうでない人がいるという認識からスタートしている。そして，レジリエンスを示せる能力，すなわちレジリエンシー*1)を測定し，その個人差を説明する要因が何であるのかが探求されていった。

そうしたレジリエンシーの測定には，多くの場合，レジリエンス尺度と呼ばれる自己評価式質問票が用いられる。質問票にはレジリエンシーに関する項目が並んでおり，それらに自分がどの程度あてはまるかを答えてもらう。そしてそれらの合計点がレジリエンス得点となり，このレ

表3-1　レジリエンシー／レジリエンス要因を測定する尺度項目例

レジリエンシーを測定する尺度の項目例	レジリエンス要因を測定する尺度の項目例
・辛いことがあってもすぐに立ち直る傾向がある ・ストレスの多い出来事から立ち直るのに時間はかからない ・私は通常，困難な時期をほとんど問題なく乗り越えることができる The Brief Resilience Scale（Smith et al., 2008）より	・色々なことにチャレンジするのが好きだ ・動揺しても，自分を落ち着かせることができる ・自分の将来に希望を持っている 精神的回復力尺度（小塩他，2002）より

＊1）一般的には，このレジリエンシーのこともレジリエンスと呼ぶことが多い。本論では，現象としてのレジリエンスと能力としてのレジリエンスの混乱を避けるためレジリエンシーの語を用いる。

ジリエンス得点の高さによって，「レジリエンスが高い人／低い人」が評価されている。

注意しないといけないのが，レジリエンス尺度の中には，レジリエンシーそのものを測定しようとしているものと，レジリエンス要因（例えば，感情調整力，肯定的未来志向など，レジリエンシーを導く要因）をどの程度有しているかを測定するものがある点である。**表 3－1** の項目例を見て欲しい。両者はどちらもレジリエンス尺度と呼ばれているものの，測定しようとしているものにずれがあるのがわかるだろう。

また，レジリエンシーそのものを測定しようとする尺度についても，そこで測定されるレジリエンシーがレジリエンス・プロセス（第 2 章参照）のどこの力を指しているのか，もっといえば何をレジリエンスと捉えているのかに注意する必要がある。例えば**表 3－1** の The Brief Resilience Scale（Smith *et al*. 2008）の項目例を見ると，この尺度では逆境を「すばやく」乗り越えられることがレジリエンシーの主要素であるとみなされていることが推察される。また，レジリエンス要因を測定する尺度は国内外ともに多数存在しているが（Windle, *et al*. 2011），研究者によってレジリエンスの定義にばらつきがあるため，含まれる構成要因は尺度によって異なる。そのため，尺度を用いてレジリエンシーの個人差を測定しようとする際には，対象に合わせた尺度の選択が必要である。

（2）「どの程度」から「どのように」の視点

上述のように，レジリエンシーの個人差は，尺度得点によって数量的に示されることが多い。すなわち，レジリエンシーが「どの程度」あるかが注目されたり比較されたりしやすい。

尺度で測定されるレジリエンシーは，その人のパーソナリティあるいは能力として理解される。つまりそれは，レジリエンシーが個人の中に一貫した能力として存在していると捉えられているということである。近年，教育領域にて注目されている非認知能力の中にもレジリエンシーが含まれていることからも，レジリエンシーはある程度固定的・安定的な能力であると考えられていることがわかる。しかし実際には，レジリエンスは個人と環境との相互作用で生じる現象であるため，あるストレス状況においてはうまくレジリエンスが示せても，別の状況ではレジリエンスが示されないこともある。つまり，レジリエンシーを，知的能力のように個人の固定的な能力として捉えることには留意が必要であるといえる。

レジリエンシーが「どの程度」あるかという個人差は，あくまでも尺度を用いて便宜的に測定されたものである。先に述べた通り，レジリエンス尺度にはさまざまなレジリエンス要因（レジリエンスにつながる特性や能力）が項目として並んでおり，「その多くを持っている」ことが高得点につながる。しかし実は，こうしたレジリエンスに関わる特性を「すべて持っていること」は，実際に逆境に直面した際にレジリエンスを発揮するにおいて必須ではない。なぜならば，レジリエンスは，その人にとって重要で，その時に活用できる要因によって導かれるからである。つまり，尺度得点の高さは，レジリエンシーのひとつの指標ではあるものの，実際のレジリエンスと連動しているとは限らないのである。

このことからも，レジリエンシーを「どの程度」有しているかの個人差よりも，むしろ「どのように」有しているかという視点の方が，教育的にも臨床的にも有用であるといえる。第2章において，レジリエンスには大きく分けて「崩れない力」と「回復・適応を歩む力」があると説明したが，ここからは，それぞれの力を「どのように」有しているかという質的な個人差の理解についてみていく。

2．崩れない力の個人差

（1）レジリエンスを導く個人の資質

あなたの周りにいる，“つらい状況に陥っても，すぐに回復に向かっていける人”をイメージして欲しい。その人は，どのような性格特徴を持っている人だろうか。「ポジティブ思考」「前向き」「いつも笑顔」「行動力がある」…そのような特徴が浮かぶかもしれない。しかし実のところ，レジリエンシーに必要な資質やパーソナリティには，必須のものや正解があるわけではない。例えば，挫折体験をして心が深く傷ついたとしよう。その落ち込みをとどめて回復への道へと向かうすべにはどのようなものがあるだろう。

・何がいけなかったのかと原因分析をする
・とにかく泣いてすべての感情を吐き出す
・関係のないテレビ番組を見て気をまぎらわす
・誰かにアドバイスをもらう
・きっと神様は見てくれていると信じる

……他にもいろいろと思い浮かぶだろうか。

表3－2は，個人のレジリエンスを導くレジリエンス要因の例である。ここに挙げたものは一部であるが，それでも多岐にわたる要因があることが見て取れるだろう。個々人が，「どのように」崩れない力を示すのかは，どのレジリエンス要因を持っているかによって異なる。

これらのレジリエンス要因の中のどれが優れているというものはなく，その個人にとって最もフィットする力をレジリエンスにつなげることが自然である。しかし一方で，社会やコミュニティの中で望ましいとされるレジリエンスのあり方が存在することも事実である。例えば，人に気持ちを愚痴ることは迷惑であるという風土の中で生きている人もい

表3-2　レジリエンス要因の例（平野，2010）

ソーシャルスキル	共感性	チャレンジ	興味関心の多様性
	社会的外向性		努力志向性
	自己開示	好ましい気質	抵抗力
	ユーモア		忍耐力
コンピテンス	問題解決能力	肯定的な未来志向	楽観性
	洞察力		肯定的な未来志向性
	知的スキル・学業成績	その他	身体的健康
	自己効力感・有能感		自立
自己統制	自律・自己制御		道徳心・信仰心
	感情調整		自己分析・自己理解

＊自分の心を通して学びを深める＊

●自分が過去につらい状況におかれた際に，使えた力は**表3-2**の中にありますか？ あれば選んでみましょう。ない場合，どのような力を発揮して乗り越えたと思いますか？

るかもしれないし，「男は泣くもんじゃない」という教えを受けてきた人もいるかもしれない。そのような，社会において望ましいレジリエンスのあり方にとらわれることなく，それぞれが自分に合ったレジリエンスを発揮できれば，もっと苦しみから解放される人も増えるだろう。

（2）個人を取り巻く環境要因

レジリエンスの個人差を考えるとき，どうしても個人要因の方に目が向きやすいが，実はレジリエンスが発揮されるかどうかにおいては，個人要因よりもむしろ環境要因の影響の方が大きいということが指摘されている（Unger, 2013）。

環境要因とは，おもに人間関係や社会的資源のことであり，ソーシャルサポートや，つながりの感覚を指す。ソーシャルサポートというと，手助けをしてくれる人の数が多いことが重要であると考えやすいが，そうではなく，ソーシャルサポートは個人と環境との間の相互作用で成立するものである（Tusaie & Dyer, 2004）。また，サポートのあり方と個人のニーズがフィットするかといったことや，サポートを認識できるかどうか，あるいは受け入れることができるかという個人要因もかかわってくる。さらに，過保護のような行き過ぎたサポートはかえって個人のレジリエンシーを低減させてしまうこともある。その上個人を取り巻く人間関係は，より広い環境である地域コミュニティや，社会文化全体からの影響を受けている。そのため，関係の中のミクロなやり取りとしての影響だけでなく，より広い文脈で，その環境が個人にどのような影響をもたらしうるのかを考えていく必要がある（**図3-1**）。

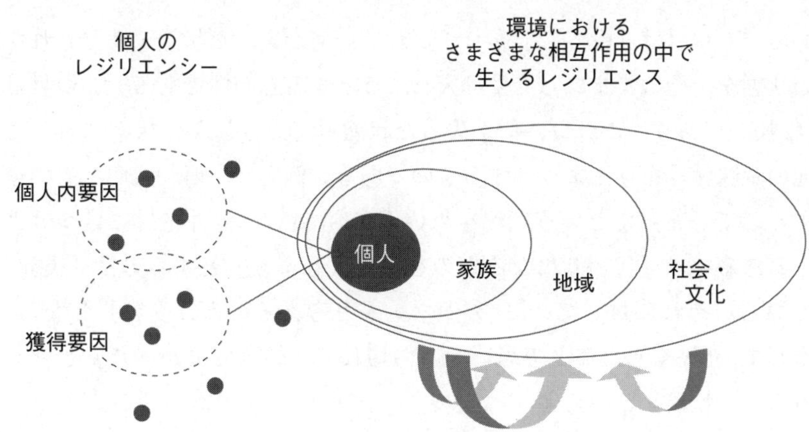

図 3－1　レジリエンシーとレジリエンス（平野，2022）

3．回復・適応プロセスの個人差

（1）さまざまなゴール：レジリエンス・オリエンテーション

続いて，衝撃から V 字に跳ね返ったあとの回復・適応プロセスの個人差について考えたい。衝撃を受けてからしばらくして，何らかの形で前に進み始めたあと，人がどのような道をたどって回復していくかについては，その時々の状況や偶然によるところが大きい。したがって，「崩れない力」に比べると，個人差として表せる部分は本来少ない。

そうした中で，当時者がどのような回復の方向性を求めやすいかという観点から個人差を捉えたものが**表 3－3** のレジリエンス・オリエンテーションである（平野他，2018）。レジリエンス・オリエンテーションでは，その人が「どのような回復を，どのように進もうとするか」について，3 × 3 の 9 種類のマトリクスで理解する。まず，どのような回復を求めるかの 3 種類のうち 1 つ目の方向は「復元」である。これは何か失った状態・満たされない状態を，元の状態に戻そうとする志向性である。2つ目は「受容」であり，これは，何か失った状態・満たされない状態を，そのままにして受け入れようとする志向性である。3つ目は「転換」であり，これは，何か失った状態・満たされない状態に対して他の意味付けを与えようとするものである。例えば，何か大切なものを失くしてしまったという状況を思い浮かべて欲しい。「絶対に見つけよう」あるいは「代わりになるものを手に入れよう」とするのは「復元」である。それに対して，「仕方がない」と考えるのが「受容」となる。そして，「失くしたことで思いを断ち切れて，却ってよかった」と考えるのは「転換」といえよう。

加えて，レジリエンス・オリエンテーションでは，その回復・適応をどのように達成しようとするかについて「一人」「他者」「超越」という3種類に分類する。「一人」で達成しようとするというのは，自分自身の行動や考え方で達成しようとすることである。「他者」は，助けてもらったり共感してもらったりすることで，他者との関係を通して達成しようとすることである。

最後の「超越」は，時が解決するとか，宝くじに当たる，といった自分のコントロール外の力で回復・適応にむかうことを想定することである。同じストレス状況であっても，どのオリエンテーションを志向するかには個人差があらわれる。もちろん同じ人であっても状況によって異なるオリエンテーションを選ぶのが普通である。しかし，人によってはどのような状況であっても同じオリエンテーションを一貫して選びやすい人もいるため，その柔軟性においても個人差が見られるのである。

表3-3　レジリエンス・オリエンテーション（平野他，2018）

		レジリエンスの手だて		
		一人 一人で達成しようとする	**他者** 他者との関係を通して達成しようとする	**超越** 人の力を超えた何かによって達成しようとする
オリエンテーションの種類	**復元** 満たされる(元の)状態に向かおうとする	行動する 手立てを考える	助けてもらう	期待する
	受容 満たされない状態を受け入れようとする	考えない 受け入れる	共感される 否定される	委ねる
	転換 満たされない状態の認識や意味づけを変えようとする	捉え方を変える 方向を変える	相対化される 認められる	報われる

＊自分の心を通して学びを深める＊

●最近感じたストレス状況を思い浮かべてください。その状況に対して，自分はどのような回復を目指したでしょうか？ **表3-3**を参考に考えてみましょう。

（2）さまざまな回復の道のり

では実際には，その後のレジリエンスの道のりにはどのような多様性が見られるのだろうか。前章でも紹介した東日本大震災の被災者の7年間の追跡調査（酒井・渥美，2019）では，災害発生後から現在までのこころの変化を，ストレス反応量を軸としたラインで描いてもらいながらインタビューを実施している。震災後1年目に描かれたラインは，
①直後はストレス反応が高く，徐々に低減するパターン
②低減後にまたストレス反応が高くなり，再度低減するパターン
③低減後にストレス反応が高くなるパターン
④途中で非常にストレス反応が高くなった上で低減するパターン
⑤高いストレス反応が持続するパターン
⑥低いストレス反応が持続するパターン
の6種類に分類されている（**図3－2**）。つまり，シンプルなV字曲線にあてはまるのはパターン①のみであり，実際にはもっと複雑な経路をたどっている。ここからは，実際のレジリエンスの道のりは概念図と異なりずっと細かく揺らぎながら不安定に進む場合があること，そしてその道のりは人によって大きく異なることが読みとれる。

さらに**図3－3**は，7年目の追跡調査において，ある被災者が描いたラインであるが，前の時点では回復と思っていた状態が，その後になって振り返った時には異なって捉え直されていることが分かる。これらの研究結果からは，レジリエンスはそのプロセスを進んでいる最中には評価できるものではなく，過去を振り返る際に，現在と過去を比較して意味付けられていくものであると捉えられるだろう。

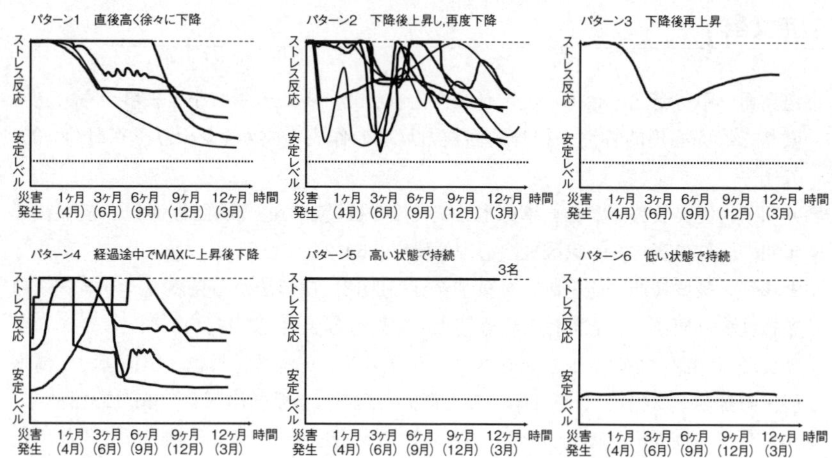

図3－2　震災後1年目の心理的変化の特徴（酒井・渥美，2019）

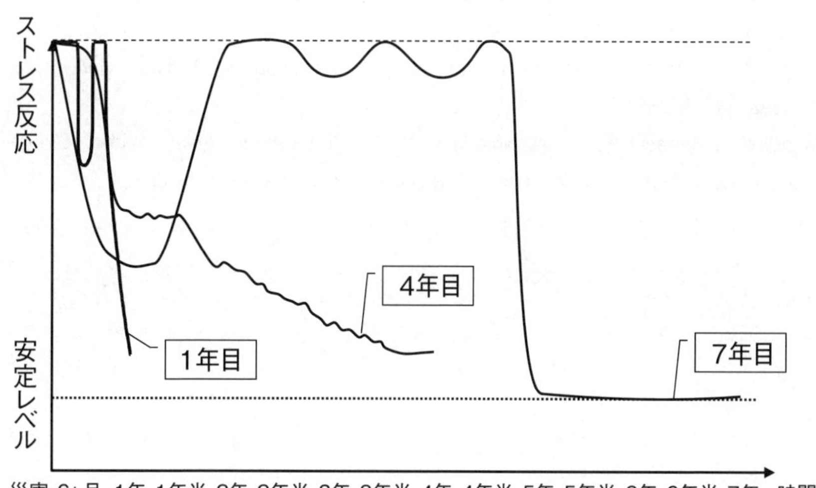

図3－3　震災後7年目の心理的変化（酒井・渥美，2019）

引用文献

小塩真司・中谷素之・金子一史・長峰伸治（2002）ネガティブな出来事からの立ち直りを導く心理的特性―精神的回復力尺度の作成―　カウンセリング研究，35，57-65

酒井明子・渥美公秀（2020）東日本大震災後の被災者の心理的回復過程―震災後7年間の語りの変化―　実験社会心理学研究，59(2)，74-88

平野真理・綾城初穂・能登眸・今泉加奈江（2018）投影法から見るレジリエンスの多様性――回復への志向性という観点　質的心理学研究，17，43-64

平野真理（2022）心のレジリエンス／レジリエンシー　稲村哲也・山極壽一・清水展・阿部健一（編）　レジリエンス人類史　京都大学学術出版会　pp.15-18

Smith, B. W., Dalen, J., Wiggins, K., Tooley, E., Christopher, P., & Bernard, J.(2008). The brief resilience scale: assessing the ability to bounce back. *International journal of behavioral medicine*, 15(3), 194-200.

Tusaie, K., & Dyer, J., (2004). Resilience: A historical review of the construct. *Holistic nursing practice*, 18(1), 3-10.

Ungar, M. (2013). Resilience, trauma, context, and culture. *Trauma, violence, & abuse*, 14(3), 255-266.

Windle, G., Bennett, K. M., & Noyes, J. (2011). A methodological review of resilience measurement scales. *Health and Quality of Life Outcomes*, 9, 8.

4　心のレジリエンスの発達

平野　真理

《目標＆ポイント》　ストレス状況に対する適応力，すなわちレジリエンシーは，年齢とともにどのように変化・発達していくのだろうか。また，他者との関わりの中で，その力はどのように変化していくのだろうか。近年注目される教育的関わりについても紹介しながら，その変化可能性を考える。

《キーワード》　レジリエンシー，パーソナリティ，発達，変化可能性，介入，教育

1．レジリエンシーの発達

(1) パーソナリティの発達的変化

ストレスフルな出来事によって傷ついたり，つらい状況に置かれても，そこからスムーズに立ち直り，回復・適応を示しやすい個人の特性をレジリエンシーと呼ぶ。このレジリエンシーは，個人の持つさまざまな能力やスキル，認知傾向などによって構成されるが，こうした特性は広い意味でのパーソナリティと捉えられるものである。個人の持つレジリエンシーが，発達に伴ってどのように変化する可能性があるかについて考える前に，まずは全般的な人のパーソナリティの変化可能性について確認しよう。

人のパーソナリティを包括的に捉える枠組みに，ビッグ・ファイブ・パーソナリティ（Big Five Personality: Costa & McCrae, 1992）がある。これは，神経症傾向（Neuroticism），外向性（Extraversion），開放性

(Openness)，協調性（Agreeableness)，勤勉性（Conscientiousness）という5つの特性からパーソナリティを捉えるものである。5つの特性はいずれも，その傾向が高いことも低いことも等しく価値を持つニュートラルな性質として想定されていたものの，実際には神経症傾向は低い方が適応につながりやすく，他の4つは高い方が適応につながりやすいという知見が蓄積されている。そしてこのビッグ・ファイブを用いた研究によると，パーソナリティは年齢とともに適応的な方向へと推移するという「成熟の原則」(Caspi, *et al*. 2005）が示されている。ただし，学童期から思春期については，パーソナリティは一時的に不適応的な方向への変化が起こることも示唆されている（Kawamoto & Endo, 2015)。

個人のレジリエンシーは広い意味ではパーソナリティの一部であると捉えられるが，このビッグ・ファイブとレジリエンシーはどのような関係にあるのだろうか。レジリエンス尺度とビッグ・ファイブ尺度の両方が用いられていた30の研究のメタ分析によると，レジリエンシーとビッグ・ファイブの各因子にはいずれも中程度の正の相関（神経症傾向は負の相関）が示されていた（神経症傾向 $r=-.46$，外向性 $r=.42$，開放性 $r=.34$，協調性 $r=.31$，誠実性 $r=.42$）（Oshio *et al*. 2018)。このことから，レジリエンシーもビッグ・ファイブと似たような発達変化，すなわち年齢とともに上昇することが予想される。

(2) 気質と性格

パーソナリティには，生まれ持った部分と，その後の発達の中で変化していきやすい部分があるとする見方を提唱する研究者もいる。クロニンジャーら（Cloninger, *et al*. 1993）は，前者を気質，後者を性格と呼び，気質—性格理論を作り尺度化した。気質には，新しい刺激を求めてどんどん挑戦していく性質（新奇性追求），不確かなことを恐れて避けようとする性質（損害回避），社会や他者から褒められることで行動を維持しやすい性質（報酬依存），ひとつのことに粘り強く取り組みやすい性質（固執）の4つが含まれる。こうした気質は，もともと備わっている体質的な行動傾向であり，乳児期から個人差として表れ，ある程度の連続性を持つといわれている。一方で性格には，目的や価値観を持って目標に向かって行動する力（自己志向），他者に共感し，協力的に行動する力（協調），自己を超えたものとの一体感を感じる力（自己超越）の3つが含まれ，それらは発達の中で変化し続けていくとされる。

気質—性格という観点からパーソナリティの変化可能性を考えると，レジリエンシーを構成するさまざまなパーソナリティ要素の中にも，持って生まれた気質的な要素と，発達の中で身につけやすい要素があることが推察される。二次元レジリエンス要因尺度は，レジリエンス要因の中でも気質と関連の強い要素を「資質的要因」，気質とは関連が弱く，身につけやすい要素を「獲得的要因」としてわけて捉えようとする尺度である（**表4－1**）。

表4－1　二次元レジリエンス要因尺度と気質—性格との関連

レジリエンス要因		関連する気質—性格
資質的要因	楽観性	損害回避
	統御力	損害回避
	行動力	損害回避，報酬依存
	社交性	固執
獲得的要因	問題解決志向	自己超越
	自己理解	自己志向
	他者心理の理解	協調

（平野，2015）

二次元レジリエンス要因尺度を用いて，20～69歳の日本人5,143名を対象に大規模調査を行ったところ，資質的要因においても，獲得的要因においても，年齢とともに平均値が上昇する傾向が確認されている（**図4－1**）。ただし，2年の間隔をあけて2回の縦断調査を行った際には，尺度得点の変化がほとんど見られない人が多かったことから，年齢に伴う上昇にはある程度の時間を要することが推察される。（Ueno *et al.* 2020）。

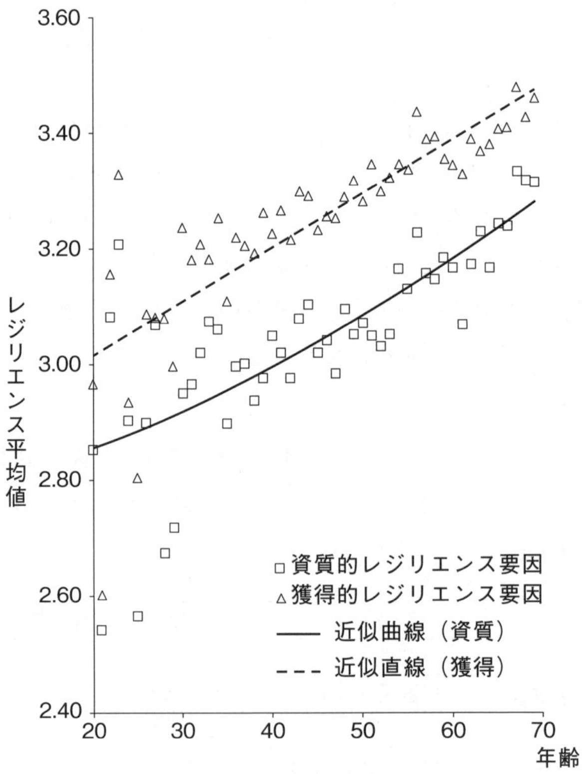

図4－1　レジリエンス要因の年齢別平均値（上野他，2018）

＊自分の心を通して学びを深める＊

●自分の性格の中で，小さいころから変わらない部分があるとしたら，それはどのようなところですか？

2. レジリエンスの発達

（1）発達段階とレジリエンシー

レジリエンシーが年齢と共に上昇していくという発達的特徴については多くの調査から明らかになっている一方で，これらの研究では，大まかにレジリエンス尺度の得点が向上していることしかわからない。発達に伴ってレジリエンスのあり方はどのように変化していくのだろうか。

ワーナー（Werner, E. E, 1995）は，子どものレジリエンスに関する研究知見から，乳幼児期と学童期では重要となるレジリエンシーがやや異なることを説明している。まず乳幼児期においては，自分をケアしてくれる存在から肯定的な反応を引き出すような気質的な特徴を持っていることが重要となる。具体的には，活発でかわいらしく，気立てがよく，さらに感情をなだめやすいことを指す。そのような気質を持つ子どもは，うまくケアをうけることができることで，必要なときに周囲に助けを求める力を持つとともに，自立性も身に着けていく。続いて学齢期においては，第一に問題解決能力（知的能力）を持ち，自分の状況を俯瞰し評価することができること，第二にコミュニケーション能力や感情的な敏感性を持っていること，そして第三に，何らかの興味や趣味を持ち，それを友だちと共有する中で自己効力感を信じられたり，プライドを持つことができること，を挙げている。これらはエリクソンの心理社会的発達理論（**表 4－2**）における乳児期の発達課題（基本的信頼感―不信感／自律―恥・疑惑）や学齢期の発達課題（勤勉―劣等感）と対応しているように見える。つまり，その年齢時期の発達課題として，社会の中で求められているような能力が，その時期のレジリエンシーとして必要な力であると考えられる。

表 4－2　エリクソンの心理社会的発達理論

時期	心理社会的危機
乳児期	基本的信頼 vs 基本的不信
幼児初期	自律 vs 恥・疑惑
遊戯期	自主性 vs 罪の意識
学齢期	勤勉 vs 劣等感
青年期	アイデンティティ vs アイデンティティ拡散
若い成人	親密 vs 孤立
成人期	ジェネラティヴィティ vs 自己陶酔
成熟期	インテグリティ vs 嫌悪・絶望

（エリクソン，西平・中島（訳），2011より）

（２）レジリエンシーの質的変化

一方で，レジリエンシーは各発達段階において必ずしも肯定的な姿を見せるわけではないという指摘もある（Hunter & Chandler, 1999）。例えば，大変な環境で育つ思春期の子どもにとって，暴力は生き延びるために必要なレジリエンシーである場合も想定される（Elass, 1992）。家出や，友人からの孤立が見られたとしても，それは不適応や精神病理を示しているとは限らず，本人にとってのレジリエンスである可能性がある。

しかしそのようにして，幼少期の時に自分の心を守るすべを身に着けたレジリエントな子どもたちが，その戦略を使い続けることでのちに不適応となる可能性もある（Hunter & Chandler, 1999）。例えば，生き残るために，自分を守り，自立し，人を信頼しないというレジリエンス戦略を使ってきたとして，その戦略は持ちつつも，より健康的なレジリエンス戦略も用いていけるようになることが重要である。

高齢者の日常的なレジリエンスを考える上では，パーソナリティとしてのレジリエンシーの高さが影響しやすいという。レジリエンシーが高い人ほど，ポジティブな出来事によく反応してポジティブ感情を体験できるため，ストレスからの適応的な回復につながりやすいからである。そして，そうした資質が発揮されるためには豊かなソーシャルサポートが不可欠であるとも指摘されている（Ong *et al.* 2009）。

イギリスで行われた，18～25歳の若年グループと65歳以上の高齢グループ（各60名）でレジリエンシーの比較を行った調査（Gooding *et al.* 2011）によると，高齢者は若年者と比べて感情調節能力と問題解決能力が高い一方で，ソーシャルサポートは低い傾向があった。また，若年者に比べて高齢者は，身体的・精神的疾患を経験している方がレジリエンシーが高いことも示されていた。そして，高齢者のレジリエンシーを低下させるのは抑うつよりも絶望（hopelessness）であることが示唆された。これらのことから，高齢者は年齢とともにさまざまな苦しみや経験を重ねて「自分の力で解決する」ようなレジリエンシーが高まる一方で，実際に生きる上で必要であるのは周囲からのサポートや，希望をもたらしてくれるような関係性であるのではないかと推察される。

＊自分の心を通して学びを深める＊

●昔はできなかったけれど，今はできるようになった対処法はありますか？

●昔の自分に力をくれていたものの中で，今はもう，その力を失ってしまったものはありますか？

3．教育や介入による変化

（1）レジリエンシーの拡がり

ここまで見てきたように，個人のレジリエンシーは年齢を重ねていく中で，さまざまなライフイベントを通して高まっていく。しかしそれだけでなく，レジリエンシーを促進させるための教育や心理的介入といった，意図的な働きかけが行われることがある。

図４－２は，レジリエンシーを拡げるアプローチを〈発掘―増幅〉と〈個人―他者〉という２つの軸でまとめたものである。〈発掘―増幅〉の軸は，自身のレジリエンシーを新たに増やしていくのか，持っているレジリエンシーに気づいていくのかを表す軸であり，〈個人―他者〉の軸は，その発掘や増幅を自分自身で行うか，他者との間で行うかを示す軸である。４つの象限をひとつずつ見ていこう。

まず右下（第４象限）に位置するのは「知識やスキルを得ることによる資質の増加」である。これは例えば，心理教育を受けたり，本などから得る知識によって，新たなコーピングの方法を学んだり，ポジティブ

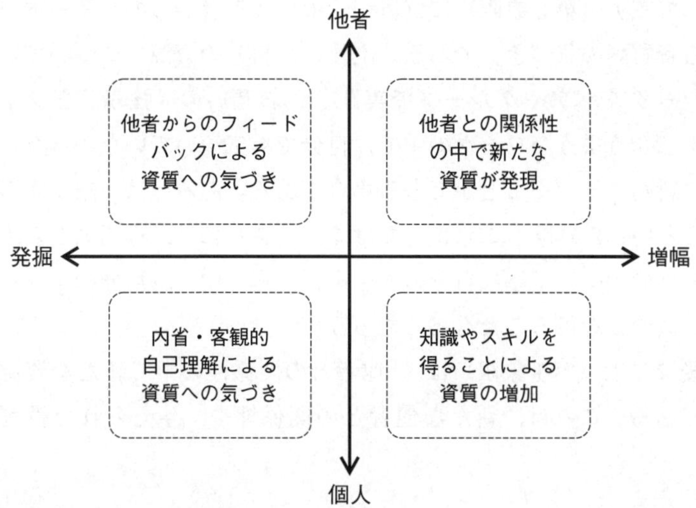

図４－２　レジリエンシーの拡がり（平野，2017）

な考え方の枠組みを習得することである。ストレス状況を乗り切るために呼吸法やリラクセーション技法を学んだり，気持ちが楽になる捉え方の枠組みを知ったり，気分調整のための行動を新たに始めたりすることが挙げられるだろう。

続いて，左下（第３象限）は「内省・客観的自己理解による資質への気づき」である。レジリエンス教育では一般的に，個人の持つ「強み」などの資源に目を向けていくような実践が行われる。自分の性格のよい部分や，持っているスキル，得意な行動，関心を持って取り組めることなど，ストレスと直面した際の自分を助けてくれるような，自分自身の内的な資源を確かめていく。その際，人と比べて秀でていることを探すのではない。あくまでも自分にとって役立つ力であればよい。人はこれまでの人生の中で，何らかの逆境をのりこえて今日まで生きてきているはずなので，その時に自分がどのようにして乗り切ったのかを思い出す中で，自身の中の資源に気づくことができる可能性がある。さらに，自分では気づいていない潜在的なレジリエンスに気づくことを目指すような介入もある。

そして左上（第２象限）に位置づくのは「他者からのフィードバックによる資質への気づき」である。上述の，自分の資源に気づいていくようなワークをペアやグループで実践し，お互いの「強み」をフィードバックし合うようなワークの中で，自分でも気づいていなかった自分の側面に新たに気づくことができる場合がある。あるいは，誰かからほめられるといった経験もこれにあてはまる。さらには，専門家とのカウンセリングの中で，丁寧に自分の人生を振り返る中で，自分のレジリエンシーに気づきを得ることもあるだろう。

最後に右上（第１象限）は，「他者との関係性の中で新たな資源が発現」である。これは，新たな他者との関係性や，与えられた役割の中で，これまでにはなかった能力が引き出されたり，誰かの役に立てたりすることによって新たなレジリエンスを発揮できることである。人のパーソナリティは，個人の中に固定的に存在すると思われやすいが，実際には誰かとの関係の中で現れる。「この人との関係の中では，頑張り屋の自分でいられる」「この人との関係では依存的になってしまう」というように，自分のパーソナリティは人との関係によって変動する。したがって，その人の持つレジリエンシーも，関係性次第で発揮できたりできなかったりする場合がある。

＊自分の心を通して学びを深める＊

●あなたのレジリエンシーをいつもより引き出してくれるような関係や場所，状況はありますか？

（２）他者との出会いがもたらすもの

上述したように，レジリエンシーを拡げていくためには，自分の持っている資源や自分の力に気づいていく自己理解が重要となるが，それと同時に，他者の存在が重要な役割を持つ。

①サポート資源となる

ショックや傷つきの最中にあるときには，物理的な手助けをしてくれたり，情緒的に寄り添ってくれるサポートをもたらす存在として，本人のレジリエンスの重要な役割を担い得る。

②気付きを与えてくれる

自分とは異なる他者のレジリエンスのあり方を知ることで，ストレスに立ち向かう新たな方法を知ることができる。また，自分と異なる価値観を持つ他者との出会いにより，これまであたり前だと思っていた価値観が揺さぶられ，とらわれから解放されることもあるかもしれない。

③承認し評価してくれる

自分に対する評価やフィードバックをもらえることによって自己理解が深められる。さらに，頑張りを見ていて評価または承認してくれる存在としても重要である。

④お互いに助けになることができる

相手に助けてもらうだけでなく，状況によっては自分が相手の役に立つことができる関係を通して，自分の力が引き出されたり，自己効力感を得ることができる。

最後にひとつ，関係の中でレジリエンスを促進することを目指したペアワークの研究を紹介する。身近な他者に対して，相手との思い出や，相手への感謝，相手の肯定的な側面への評価を伝える「相手への物語」を作成するワークを実施した。その結果，物語を受け取った人のレジリエンスと自尊感情が向上しただけでなく，贈り手にも肯定的な効果があり，他者のことを肯定的に評価する作業を通して，自らが他者から受け入れられている感覚が増大したことが示唆された（Hirano, 2021）。このように私たちは，他者との肯定的な関係を通して自らの価値を感じられたり，自分を肯定する力を取り戻せる可能性があるといえるだろう。

引用文献

上野雄己・平野真理・小塩真司（2018）日本人成人におけるレジリエンスと年齢の関連　心理学研究，89(5)，514-519

上野雄己・平野真理（2019）個人と集団活動を通したレジリエンス・プログラムの効果検討　日本ヘルスサポート学会年報，4，17-24

上野雄己・平野真理（2020）個人と集団活動を通したレジリエンス・プログラムの再検証　教育心理学研究　68(3)，322-331

平野真理（2017）資質を涵養する―パーソナリティ心理学　臨床心理学，17(5)，669-672

Costa, P. T. Jr & McCrae, R. R. (1992). Revised NEO personality inventory (NEO-PI-R) and NEO five-factor inventory (NEO-FFI) manual. *Psychological assessment resources*.

Erikson, E. H. (1959) *Identity and the Life Cycle*. New York: Norton. (エリクソン, E. H. 西平直・中島由恵（訳）(2011) アイデンティティとライフサイクル誠信書房)

Gooding, P. A., Hurst, A., Johnson, J., & Tarrier, N. (2012). Psychological resilience in young and older adults. *International Journal of Geriatric Psychiatry*, 27, 262- 270.

Ong, A. D., Bergeman, C. S., & Boker, S. M. (2009). Resilience comes of age: Defining features in later adulthood. *Journal of personality*, 77(6), 1777-1804.

Oshio, A., Taku, K., Hirano, M. & Saeed, G. (2018). Resilience and Big Five Personality Traits: *A Meta Analysis*. *Personality and Individual Differences*, 127, 54-60.

Ueno, Y., Hirano, M., & Oshio, A. (2020). The development of resilience in Japanese adults: A two-wave latent change model. *Health Psychology Open*, January-June, 1-7.

Werner, E. E. (1995). Resilience in development. *Current directions in psychological science*, 4(3), 81-84.

5　経営危機とレジリエンス

奈良由美子

《目標&ポイント》 本章ではレジリエンスの主体として，集団・組織の一形態である企業をとりあげる。具体的な事例も紹介しながら，企業経営におけるレジリエンスの概念と構成要素を考察する。
《キーワード》 経営危機，企業の社会的・環境的実践，普段からの経験の積み重ね，リーダーの資質，自ら挑戦，ステークホルダー，リスクの直視，ビジョンの持続化，柔軟思考による戦略，個人のレジリエンス

1．経営をめぐるレジリエンス研究とリサーチクエスチョン

いかなるレベルのシステムも，さまざまな種類の危機や逆境に直面する可能性があり，したがってレジリエンスを発揮したり高めたりする主体となる。企業も例外ではない。企業が経営を行うにあたって，レジリエンスのありようは重要な意味を持つ。

Academy of Management Journal のエディターである Gerben S. van der Vegt ら（2015）は，経営学におけるレジリエンス研究の必要性を以下のように述べている。近年では水や食糧をめぐる危機，テロ攻撃，サイバー犯罪，金融危機，地震や異常気象などの有事事象が増大し，企業はこれら逆境への判断や対処を求められている。レジリエンスとは，このような環境下で，ショックや逆境を吸収し，対応し，回復する力，および回復するシステムを作り上げることであり，ビジネスがレジリエントであればこそ，社会もレジリエントとなりうるとの指摘である。ま

た，同稿では，経営学におけるレジリエンス研究は，組織的側面からのレジリエンス研究とマネジメント側面からのレジリエンス研究との２つに大別されうるとも述べている（van der Vegt ら，2015）。

経営学におけるレジリエンスに関するリサーチクエスチョン（学術的問い）としては，「なぜ，ある組織は逆境の中でもうまく適応し繁栄することができるのに，別のある組織はそれができないのか」（van der Vegt ら，2015）や「直面した危機や逆境，制約を転機にしてマネジメントできる，すなわち，創発的戦略を実践することができている組織と，そうでない組織との違いはどこにあるのか」（水野，2019）といった問いが一般的である。こうした問いに答える手法としては，事例的アプローチ，統計的アプローチ，理論的アプローチなどがある。

次に，事例的アプローチを中心に，企業経営におけるいくつかのレジリエンスの姿を紹介する。

2．経営に関するレジリエンスの実際

（1）池内タオル（事例的アプローチ）

まず質的研究による事例的アプローチである。ここでは上田（2014，2018）のケーススタディをもとに，以下に池内タオル株式会社（2014年に「IKEUCHI ORGANIC 株式会社」に社名変更）の企業経営におけるレジリエンスを見てみよう。池内タオルは1953年創業，愛媛県今治市に本社を置くタオルメーカーである。1983年に創業者である父の急逝により息子に継承された。

元々は問屋からの他社ブランドの下請け生産（OEM 生産）を中心に事業を行ってきたが，問屋倒産による連鎖倒産により，2003年に約10億円の負債を抱えて倒産した。その後二代目社長らによる再建対応がなさ

れ，2007年には民事再生手続きを終了する。倒産から10年後の2013年には，同社は，6億円の売り上げを目指すほどに回復した。

問屋倒産にともなう連鎖倒産は，OEM 生産という事業形態のリスクと限界をつきつけるものであり，組織のリーダーである社長はその現実を受け止め直視し，気持ちと経営方針を切り替えたという。また，「親が自分の命よりも大切にする赤ちゃんに安全なタオルを届ける」「環境にやさしい自社ブランドを作る」といった社会的・環境的な視点を踏まえたビジョンを打ち立て，そこからぶれなかった。そして，従来のやり方や現状復旧にこだわることなく，自社ブランドによる高価格化戦略，手作業の実施，生産工程の IT をもちいたシステム化，少量単一生産による国際マーケットへの進出，ネット販売重視などを積極的に行なったことが奏功した。

2015年には自社製品であるコットンヌーボー（前年に収穫されたオーガニックコットンだけで作られたタオル）が「グッドデザイン賞」を受賞，また2017年には自社製品オーガニックベビー（赤ちゃんが口に含んでも安全なベビー用品）が「キッズデザイン賞」を受賞するなど，さらなる事業展開を続けている。

（2）オイカワデニム（事例的アプローチ）

続いて事例をもうひとつとりあげる。有限会社オイカワデニムの危機からの回復と変革である（及川，2021：2022)。オイカワデニムは宮城県気仙沼市に本社を置く企業で，デニム衣類の企画・製造・販売を事業内容としている。創業は1981年で，当初は安定した経営であったものの，バブル経済崩壊後の景気後退により，1990年代半ば頃から大手ブランドが生産拠点を海外に切り替え，下請け生産をしていたオイカワデニムは価格競争に勝てなくなった。注文が激減し，国内からの受注がほとんどなくなり，経営難に陥ってしまったのである。その反省から，当時の代表取締役社長の及川秀子氏は，下請けからの脱却を決意し，「この機会にどこにも負けないジーンズをつくろう」と自社製品をつくることに目を向ける。その際，トップダウンではなく，社員ひとりひとりがアイデアを出し自律性を持って取り組むしくみにした。また，「ジーンズの原点に立ち返り丈夫さを追求しよう」と，製法の簡略化をするのではなく，全工程を従業員一人で行うなど，手間暇をかけて丁寧につくることを心がけた。そして，2005年には自社ブランド「STUDIO ZERO（スタジオゼロ）」を立ち上げる。STUDIO ZEROの耐久性や機能性，履き心地の良さは海外でも評価を受け，販路を広げることにもつながっていった。

そして2011年３月，東日本大震災が発生する。オイカワデニムも総額４億円以上の被害を受ける。工場（震災３年前に高台に移転していた）は被災を免れたが，海岸近くにあった社長の自宅や倉庫は約五千本のジーンズとともに津波によって流された。しかし，のちにヘドロの中から見つかった同社のジーンズは糸１本のほつれもなかったことから，「奇跡のジーンズ」といわれた。これによりオイカワデニムの国内における認知度がさらに高まる。

流出を免れた工場は，デニム生地を床に敷きながらの地域住民150人の避難所となった。社員の生活再建も考慮し2011年４月４日には工場を再開させた。地域とともに復旧・復興を遂げたいとの思いから，被災失業者を積極的に受け入れた。再開第一号の製品としてデニムのトートバッグが選ばれた。これは，すべて直線縫いで作れることからミシン操作に慣れていない新規雇用社員でも作ることができるためである。また，震災のことを忘れないとの思いを込めて，漁師からもらった大漁旗から切り取った布を差し色としてバッグのポケットの縁に縫い付けた。こうして立ち上げたのがソーシャルワークのブランド「SHIRO（シロ）

…0819」である。このブランドには，地元の人たちと，地域資源を生かし，オリジナリティ，品質，デザイン性の高い商品を生み出すという同社のポリシーが反映されている。

避難所で出会った漁師や住民と交流する中で，当時専務（2016年から社長）であった及川洋氏は次の事業につながる新たな気づきを得る。そのひとつが，気仙沼が水揚げ日本一であるメカジキの角（吻）が再利用されることなく廃棄されているということである。大きな震災を経験し，資源を大切に使うこと，自然環境と共生することの重要性を一層痛感していた及川氏は，「廃材再利用プロジェクト」としてメカジキの角を利用した新素材のデニム生地の加工技術を開発，2015年からメカジキジーンズの販売を始めた。「徹底した循環」にこだわり，さらに，東北大学とも協働し，北海道で駆除されたエゾシカの毛を使ったスタジアムジャンパーの開発，販売も手がけている。

（3）企業の社会的・環境的実践とレジリエンスに関する研究（統計的アプローチ）

ここで，定量調査で得たデータを統計的に分析することでリサーチクエスチョンに答えようとした研究のひとつを紹介する。企業の逆境適応に関する先行研究では，短期的な因果関係やデータ分析が適用されることが多い。いっぽうOrtiz-de-Mandojanaら（2016）は，米国を拠点とする242の個別企業の15年間にわたるデータを用いて定量的研究を行った。

この研究では，組織的レジリエンスを「不適応な傾向を察知して修正し，不測の事態に積極的に対処する企業の能力」と定義している。組織的レジリエンスは，財務変動率の改善，売上成長率，生存率などの長期的な成果を通じて評価されている。

分析の結果，事業の持続可能性に関連する社会的・環境的実践（social

and the environmental practices）を積んでいることは，短期的な成果に寄与するだけでなく，組織のレジリエンスにも寄与することが明らかになった。つまり，責任ある社会的・環境的慣行を採用している企業は，対照群と比較して，財務的不安定性が低く，売上成長率が高く，15年間生き残る可能性が高いことがわかった。そして，社会的・環境的実践を積んだ組織的レジリエンスの高い企業こそが長期的利益を実現することができることを強調し，証券市場の動向や株価に結びつくだけの短期的利益を追求する姿勢を批判している。

3．企業レジリエンスに関わる要素

（1）企業が直面する３種類の経営危機

本節では，これまでの経営学におけるレジリエンス研究の知見や前節で示した事例研究なども踏まえ，企業レジリエンスに関わる要素について整理する。

まず，企業にとっての危機や逆境は，その発現の時間幅によって３種類に分類されることをおさえておく。第一は突発的な環境変化による激しい危機，第二は急速な環境変化による重大な危機，そして第三は継続的な環境変化によるゆるやかな危機である。

第一の突発的な環境変化による激しい危機には，事故・事件や災害の発生による危機が該当する。第二の急速な環境変化には，例えば2020年からのCOVID-19パンデミックによる経営環境の激変，2008年リーマンショックの波及的影響，デジタル依存の急進およびサイバー・セキュリティ問題の増大，地政学的事象によるエネルギー問題の深刻化などがあげられる。第三の危機の代表的なものは気候変動問題がある。

実際の企業経営は，これら３種類の危機や逆境に直面する可能性を常にはらみながら行われている。例えば先述のオイカワデニムは，東日本大震災によって短期間に甚大なインパクトを持って逆境に立たされた。これは第一の危機に該当する。また，かつてOEM生産を主としていたオイカワデニムにとって，業界内で生産拠点を海外に切り替える潮流となったことは第二の危機につながるものであった。そして，現時点ではまだ実害を被ってはいないが，環境との循環型共生を目指した製品の開発・販売に注力しているのは，オイカワデニムが第三の危機を視野に入れているからといえる。

(2) 企業レジリエンスの要素その1―普段からの経験，リーダーの資質，自ら挑戦，ステークホルダー

こうした危機や逆境に対してレジリエントである企業は，どのような要素を備えているのだろうか。

これについて水野（2019）は，突発的な環境変化による激しい危機，および急速な環境変化による重大な危機に実際に見舞われた複数の企業について，事例研究を実践した上で以下のことを導出している。直面した危機や逆境を転機にしてマネジメントできるかどうか，すなわち創発戦略を実践することができるかどうかには，4つの点が関わっているとの結論である。その4つとは，備えの段階での経験の蓄積，リーダーの資質，自ら挑戦すること，組織外部のステークホルダーの存在である。

1点目は，備えの段階でどのような経験を蓄積していたのかである。日常的な経験や体験，実践の積み重ねこそが，いつ訪れるかわからない転機（危機が起きた時）に対する備えとなるということである。これは，前節で見たOrtiz-de-Mandojanaら（2016）の結果と同じ指摘である。また，池内タオルやオイカワデニムが日頃から高品質と地域・社会への貢献を重視して経営活動を維持してきたこととも一致する。さら

に，経営学の他の先行研究（Cohen ら，1990，Todorova ら，2007）の主張とも同じである。

2点目は，その組織の転機をマネジメントする際には，とくに組織を担うリーダーの資質が問われるということである。水野はとくに，危機に直面したときに，リーダーがその状況や現実をどう直視し正確に把握するか，そしてどう意味づけるかが重要であるとしている。さらには，リーダーが組織構成員のやる気を引き出し，積極的に権限委譲していること，戦略実現のプロセスに柔軟性をもたせることの重要性も説いている。これらの点は，先にみた池内タオルのリスク直視や柔軟な思考による戦略，オイカワデニムの社員や地域住民の主体性と自律を発揮させるやり方にも当てはまる。

3点目は，自ら挑戦し，自走する行動をとるということである。つまり，レジリエンス実現にいたる企業の多くが，その過程で，自ら転機を創り出して，組織を新たな均衡（危機を乗りこえ克服した段階：新たな平衡）に導いて成長させるということが確認された。この点は，池内タオルやオイカワデニムが，逆境においてこそ新たな自社ブランドの開発を試みてきた姿にも見ることができる。

4点目は，組織外部のステークホルダーの存在の重要性である。企業が外部の他の組織や環境と相互作用している限り，危機や逆境から回復，変革するプロセスにもそれらが関与する。当該組織内部だけに閉じず，外部からの意見やサポートをうまく受け取り生かすこと，ステークホルダーを巻き込むことがレジリエンスを促進する。オイカワデニムの事例でも，工場での避難生活を通じて，漁師を含む地域住民との交流が大きな示唆となって転機に結びついていた。災害時にボランティアやNPO，研究機関などと積極的に協働することで，復旧とあらたなかたちでの復興が促進される事例は他にも見られるが（ウッテン，2014：

Nara，2014他)，企業という集団・組織にあっても同様の要因が関与していることがわかる。

（3）企業レジリエンスの要素その2―リスク直視，企業ビジョンの持続化，柔軟思考による戦略

また，上田（2014：2018）は，これまでのケーススタディから，企業が危機や逆境からの回復と変革を遂げる過程では，リスクの直視，企業ビジョンの持続化，柔軟な思考による戦略の3つが大きな要因として関わっていると考察している。先述の池内タオルを例にとれば，組織のリーダーである社長がOEM生産という事業形態のリスクを直視したことが，危機を乗りこえる上でまずポイントとなった。また，社会・環境にも貢献する企業ビジョンを持ち続けた。そして，柔軟な思考による戦略を積極的に打ち出した。これらがレジリエンスの要因となっている。

こうした主要因を踏まえつつ，上田（2018）は以下のビジネス・レジリエンス・マネジメント・プロセスを提示している。

第一段階：レジリエンス土壌の分析

① 経営者の復元にかける気概・思い
② 経営者の現実的な楽観性
③ 経営者の社員への気遣い
④ 経営者の精神性，倫理観
⑤ 自利よりも利他
⑥ 企業ビジョンや企業使命の再確認

第二段階：レジリエンス力の評価

① 世の中に役立つ自社の商品・サービス
② 企業ビジョンと商品・サービス内容，そして個人のビジョンと

の連動

③　企業ビジョンと合致する人材の採用

④　会社の強みの理解と共有

⑤　リスクを想定した会社のリソースと耐性

第三段階：レジリエンス手段の実行

①　経営者の率先垂範とリフレーミング

②　ソーシャルサポート力，ネットワーク力

③　社員への自由と責任の付与

④　リスクを想定した代替的なチャネル，ネットワークと柔軟性

⑤　リスクマネジメント手段の効果的な組み合わせ

第四段階：レジリエンス情報の共有

①　企業ビジョン・強みの情報共有

②　社員の成長のための研修，情報共有

③　地域の人との情報共有

④　ソーシャルリスクの情報共有と貢献

⑤　同業他社とのリスク情報の共有

これらの項目は，上述の水野（2019）が整理した企業レジリエンスの4つの要素（備えの段階での経験の蓄積，リーダーの資質，自ら挑戦すること，組織外部のステークホルダーの存在）とも重複した内容となっていることがわかる。

（4）企業レジリエンスの要素その3―構成員のレジリエンス

さらに，上のビジネス・レジリエンス・マネジメント・プロセスにおいて重視されている要素が，社員（組織の構成員）個人の尊重（「気遣い」，「個人ビジョン」，「自由と責任」，「ワークライフバランス」，「成

長」）であることに着目したい。これは企業全体のレジリエンスに，構成員ひとりひとりのレジリエンスが関わることを意味している。

本章の第 1 節で，Academy of Management Journal のエディターである van der Vegt ら（2015）が経営学におけるレジリエンス研究の必要性を唱えた上で，組織的側面からとマネジメント側面からのレジリエンス研究があるとしたことを述べた。このうち組織的側面からのレジリエンス研究においては，システム，ネットワーク，資源，組織構造，意思決定といった項目が研究の視点になりうるとしている。その際，企業というシステムそのものだけではなく，その外部と内部も射程に入れた研究が志向されている。

まず企業の外部について，組織的なレジリエンスは他の組織や環境という外部要因との関係性に強く影響を受けることから，組織間の関係にも目配りをしたアプローチが必要となる。

さらに企業の内部については，サブシステムとなる社員のレジリエンスを検討することの重要性が指摘されていることに注目すべきである。知識，自己効力感，感情の安定，個人としての自律性，認知の柔軟性，出来事に対する受忍性がどうであるかが，組織のレジリエンスにおいても意味を持つとの指摘である（van der Vegt ら，2015）。

企業というシステムは，その内側に社員というサブシステムを擁している。したがって，各サブシステムのレジリエンスのありようは全体システムのそれに影響を及ぼす。近年，この事実の重要性を認識し，社員向けのレジリエンス研修を開催するなど，経営実践に取り入れようとしている組織も見られるようになった。そうした研修で扱われるのは，本書の第 2 章，第 3 章，第 4 章で述べたような個人のこころのレジリエンスの構成要素やそれを高めるための手がかりに関する内容であることが多い。

本章では，集団・組織の一形態として企業の経営をめぐるレジリエンスについて考えてきた。経営学の先行研究や事例から，普段からの経験の積み重ね，リーダーの資質，自ら挑戦すること，ステークホルダーを巻き込むこと，リスク直視，ビジョンの持続化，柔軟思考による戦略，構成員ひとりひとりのレジリエンスが，経営危機に対する対応，回復，変革に重要となるといえる。とくに，社会・環境に資するビジョンを維持し実践を重ねておくことがレジリエンスにつながるとの結論は，今日的に示唆に富むものであろう。

これらの知見は，企業以外の他の集団・組織やコミュニティにもあてはまる可能性が大きい。集団・組織のレジリエンスに関するさらなる研究と実践に期待したい。

参考文献

上田和勇（2014）『事例で学ぶリスクマネジメント入門―復元力を生み出すリスクマネジメント思考―（第2版）』，同文舘出版

上田和勇（2018）「企業経営にみるレジリエンス」，奈良由美子・稲村哲也編著『レジリエンスの諸相―人類史的視点からの挑戦―』放送大学教育振興会

ウッテン・トム［保科京子 訳］（2014）『災害とレジリエンス―ニューオリンズの人々はハリケーン・カトリーナの衝撃をどう乗り越えたのか』明石書店

及川洋（2021）「東日本大震災10年―レジリエンス力とリスクマネジメントの諸問題」，日本リスクマネジメント学会第46回全国大会（2021年9月22日，オンライン開催）

及川洋（2022）「With/After コロナにおけるオイカワデニムの戦略」，日本リスクマネジメント学会第47回全国大会（2021年9月23日，東京エレクトロンホール宮城）

ピーダーセン・ピーター・D（2014）『レジリエント・カンパニー：なぜあの企業は時代を超えて勝ち残ったのか』，東洋経済新報社

水野由香里（2019）『レジリエンスと経営戦略：レジリエンス研究の系譜と経営学

的意義』，白桃書房

Cohen, W. M. and Levinthal D. A. (1990) Absorptive Capacity: A New Perspective on Learning and Innovation. *Administrative Science Quarterly*, 35(1), 128-152.

Coutu, D.L. (2002) How Resilience Works. *Harvard Business Review*, 80, 46-55.

Nara, Y. (2014) The function of facilitator in risk/chance management: Action research in the stricken area of the Great East Japan Earthquake. *Procedia Computer Science*, 35, 937-945.

Ortiz-de-Mandojana, N., & Bansal, P. (2016). The long-term benefits of organizational resilience through sustainable business practices. *Strategic Management Journal*, 37(8), 1615-1631.

Todorova, G. and Durisin, B. (2007) Absorptive Capacity: Valuing a Reconceptualization. *The Academy of Management Review*, 32(3), 774-786 (13 pages)

van der Vegt, G., Essens, P., Wahlstrom, M., and George, G. (2015) From the editors: Managing risk and resilience. *Academy of Management Journal*, Vol. 58, No.4, 971-980.

6 パンデミックとレジリエンス

奈良由美子

《目標＆ポイント》 本章では多様なステークホルダーが関わる危機としてパンデミックを扱う。パンデミックが災害として捉えられることを示した上で，主にCOVID－19パンデミックをとりあげながら，その災害特性ならびに緊急社会システムが新たな平衡に至る様相と過程上の諸課題を検討する。さらに，時間的・空間的に大きな視点からも感染症およびその流行を捉え，感染症に対するレジリエンスを考える。

《キーワード》 感染症，COVID－19パンデミック，災害，新たな平衡に至るプロセス，知識の不定性，二次リスク，差別と偏見，リスクコミュニケーション，平常時の重要性，社会と感染症との相互作用，パンデミックからのBuild back better，ワンヘルス

1．災害としてのCOVID－19パンデミック

（1）災害とは

災害とは，地震，噴火，洪水などさまざまな災害因による，社会とその成員に対する破壊と剥奪と喪失のプロセスのことである（広瀬，1996）。また国連防災機関（United Nations Office for Disaster Risk Reduction; UNDRR）は，災害（disaster）を「危険事象（hazardous events）が曝露，脆弱性，能力の条件と相互作用することにより，コミュニティや社会の機能があらゆる規模で深刻に破壊され，人的，物的，経済的，環境的な損失や影響のうちのひとつ以上をもたらすこと」と定義している（UNISDR，2009；UNDRR，2020）。

UNDRRによれば，ハザード（hazard）は，生命の損失，負傷その他の健康への影響，財産の損傷，社会的・経済的混乱，または環境悪化を引き起こす可能性のあるプロセス，現象，または人間の活動のことであり，ハザードには，環境的，地質学的・地球物理学的，水文気象学的，技術的，生物学的なプロセスと現象が含まれる（UNDRR，2020）。

このうち環境的ハザードには，土壌劣化，森林破壊，生物多様性の喪失，塩害，海面上昇などが，地質学的・地球物理学的ハザードには，地震，火山活動とその放出，地表の崩壊などがある。水文気象学的ハザードは，大気，水文，海洋に起因するハザードであり，台風，洪水，干ばつなどがある。技術的ハザードは，技術的または工業的条件，危険な手順，インフラの故障，または特定の人間の活動に起因しており，例えば，産業汚染，核放射線，有毒廃棄物，ダムの決壊，輸送事故，工場の爆発，火災，化学物質の流出などがあげられる。

そして生物学的ハザードとは，病原性微生物，毒素，生理活性物質など，有機的な起源を持つ，あるいは生物学的な媒介物によってもたらされるもので，例えば，ウイルス，寄生虫，病気の原因となる物質を持つ蚊などがあげられる。つまりパンデミックは災害であり，このことは第3回国連防災世界会議において「仙台防災枠組 2015－2030」でも言及されている。

（2）立ち上がる緊急社会システム

災害時に私たちは明らかに平常時とは異なる状況に身をおくことになる。地震などによる外力は，社会の成員である個人の生命や資産，社会を構成する建造物や社会基盤，また社会を構成する単位である組織に直接的な被害を与える。それらの被害は，家族やコミュニティ，企業や行政機関の解体や機能不全につながり，社会活動における二次的な被害をもたらす。

このような状況下でみられる，通常の社会過程とは異なる一時的な社会的適応過程のことを緊急社会システムという（野田，1997）。緊急社会システムでは，社会，国，コミュニティ，組織，個人に通常とは異なる対応が求められる。災害時の対応は，平常時に比べて顕著な不確実性の増大，緊急性の増大，自律性の低下のもとでなされるからである。

感染症パンデミックは一気に音を立てながら物理的に破壊することはしないが，自然災害と同様に社会システム全体の破壊や活動フローの損壊をもたらし，生命と生活を脅かす。2019年末より中国武漢市で感染者が顕在化した新型コロナウイルス感染症（COVID－19）の拡大は，2020年3月にWHOによりパンデミック（世界的流行）と表明された。2020年の冬，世界規模で緊急社会システムが立ち上がったのである。それは私たちにとって長い被災生活のはじまりでもあった。新型コロナウイルスは世界中で猛威を振るい続け，2023年5月7日現在での世界の感染者数はおよそ7億7千万人，死者数はおよそ693万人，日本でのそれらはおよそ3千400万人，およそ7万5千人となった（WHO Dashboard；厚生労働省）。

2．新たな平衡に至る様相

（1）COVID－19パンデミックの災害特性と平衡の得がたさ

本書第1章p.7で述べたとおり，災害分野におけるレジリエンスは「ハザードにさらされているシステム，コミュニティ，社会が，リスク管理を通じた本質的な基本構造と機能の維持・回復を含め，適切なタイミングかつ効率的な方法で，ハザードの影響に抵抗し（resist），吸収し

(absorb), 対応し (accommodate), 適応し (adapt), 変革し (transform), 回復する (recover) 能力」のことである。また本書では, 危機や逆境に対して適応, 回復, 変革する能力や特性およびその過程や現象としてもレジリエンスを捉えている。

COVID－19パンデミックにより創発された緊急社会システムは, 災害への抵抗・吸収・対応・適応・回復・変革過程の総体であり, レジリエンスの主体となる。もっとも大きいグローバルなレベルで緊急社会システムを捉えた場合, そのサブシステムである国, コミュニティ, 組織, 個人もまた, それぞれがレジリエンスの主体としてCOVID－19パンデミックに抵抗し, 吸収し, 対応し, 適応し, 回復し, 変革して, 新たな平衡を得ていくこととなる。

COVID－19パンデミックで立ち上がった私たちの緊急社会システムが新たな平衡に移行するプロセスは, 長くそして険しいものであった。その長さと険しさは, パンデミックの災害特性が関わっている (奈良, 2022b)。ひとつには, そもそもCOVID－19が新興感染症であることによる。WHO (世界保健機関) は新興感染症を「この20～30年の間に新しく認知され局地的あるいは国際的に公衆衛生上の問題となる感染症」と定義している。今でこそ, この感染症がインフルエンザのように飛沫・接触により感染伝播すること, ノロウイルスのようにヒトへの感染力が強いこと, 病原性 (重篤度) が高いこと, 潜伏期間中においてもヒトへの感染性があることなどがわかってきている。しかし初期においては臨床像やウイルスの特性も有効な対処方法についてもよくわからなった。高い不確実性を抱えるこの危機への対応は困難の連続であった。

また, COVID－19パンデミックには, システムが新たな平衡に至るプロセスの推移のしかたにも大きな特徴が見られる。自然災害は線形,いっぽう感染症災害はらせん形なのである（Fakhruddin ら 2020）。例えば地震や洪水といった自然災害は，基本的に限られた期間内に生じる1回限りの事象であるのに対し，COVID－19などのパンデミックでは，長期に渡りいくつもの波が押し寄せる。リスク低減のための「災害に対する準備－対応－復旧－緩和（将来の災害への準備）」の段階移行は，自然災害においては直線的であるため，どのような過程で収束していくかが見えやすく目途がつけやすい。しかしパンデミックの場合にはこのサイクルが何度も何度も繰り返される。いつになったらこの危機が終わるのかが見えづらく，健康医療のみならず，経済，教育などさまざまな分野にも大きな不確実性を伴いながら影響を及ぼしていく。

（2）危機からの多様な乗り越え方

COVID－19パンデミックの中で，新たな平衡に至るプロセスは主体によって異なりを見せた。国レベルでは，例えば，最初から経済を優先してきたブラジル，「ゼロ・コロナ」を掲げ徹底して感染者をおさえこむやり方をとってきた中国，自然免疫の獲得を目指したスウェーデン，そして「ウイズ・コロナ」で経済と感染対策のバランスをとりながら収束を目指そうとしたアメリカやイギリスなどさまざまである。

パンデミック対策の戦略を大きく分類するならば，次の3つになる（尾身，2022）。それは，A 封じ込め（Containment）：徹底的に封じ込めて感染者をゼロにするやり方（代表例は中国），B 感染抑制（Suppression）：感染者数を抑制し，死者を一定数以下に留めるやり方（欧米や日本など多くの国が該当），C 被害抑制（Mitigation）：感染者数の増加を許容し，重症者への対応に注力するやり方（代表例はスウェーデン）である。

新たな平衡に至るプロセスにおいては，一貫して，社会経済活動の抑制と医療負荷の増加とのトレードオフに悩まされることとなる。社会経済活動の抑制を小さくしようとすると医療負荷の増加が大きくなる。いっぽう医療負荷の増加を小さくしようとすると，社会経済活動の抑制を大きくせざるを得ない。社会経済活動と医療のバランスのとり方がどうであるかが，A（社会経済活動の抑制：大，医療負荷の増加・小），B（社会経済活動の抑制：中，医療負荷の増加・中），C（社会経済活動の抑制：小，医療負荷の増加：大）といった姿に反映されている。

個人という主体のレベルではどうだろうか。日本のように罰則を伴わない要請ベースの感染防止政策の中では，大人数での飲食や県境またぎの移動などの自粛は文字通り「自粛」であり，マスク着用や三密回避も決して強制ではなかった。ワクチン接種についても，感染症の緊急のまん延予防の観点から，強制ではなく，本人が納得した上で判断するものとなる。新型コロナのリスクとどうつき合うか，どのように乗りこえていくかはさまざまであってよい。そして実際には，少なくとも日本においては大半のひとがこういった対策を励行してきた。

3．新たな平衡への移行と諸課題

（1）COVID−19パンデミックがあらためて浮かび上がらせた課題

新たな平衡へと向かう途上では，初動体制，水際対策，サーベイランス，保健所体制，積極的疫学調査，検査体制，医療体制，治療薬，ワクチンなど，多岐にわたる項目においてさまざまな困難が生じ，多くの課題が見られた（日本公衆衛生協会，2023）。

ここでは，COVID−19パンデミックがあらためて浮かび上がらせた課題として，とくに以下の4点について述べる。

①知識の不定性の高いリスクへの対応

第1は，知識の不定性の高いリスクへの対応の難しさである。新興感染症及びその流行については，科学的にまだ解明されていないことも多く，「作動中の科学」（科学的な知識は常に現在進行形で形成されているということ）の中にあり続けてきた（藤垣，2021）。

一般に，科学者共同体で新しい科学的知識の正当性・妥当性が認定されるためには，それ相応のプロセスが機能し，完了するまでにある程度の時間を要するが，新興感染症のパンデミックに関連する科学的知識は，「作動中の科学」として，プロセス的にも時間的にも，不確実性をまとった状態にとどまらざるを得ない。一方で，感染者が増える中で，エビデンスを待っていられない，今答えを出さなければならない問題が目の前にある。こうした状況化でのリスク評価とリスク管理，ならびにリスクコミュニケーションは困難を極めることとなるが，パンデミック下にあっては，それでも遂行しなければならない。

②リスク・トレードオフへの対応

第2は，二次リスクも含めた対応の必要性と難しさである。パンデミックのリスク特性として，二次リスクの発生が前提となるということがある。二次リスクとは，あるリスク（一次リスク）を小さくしようとリスク対応を実施した結果，発生するリスクのことである。一次リスクと二次リスクとは，あるリスクを小さくすると別のリスクが大きくなるというトレードオフにあることが一般的である。

パンデミック下でのリスク対応というと直接的なリスク（一次リスク）である医療や保健衛生分野に目が行きがちだが，パンデミックの影響は社会生活の隅々にまで及んでおり（二次リスク），それぞれの事象・場面・状況において，さらなるリスク評価や管理，またコミュニケーションが必要となる。一例として，学校教育の現場はこの問題に直面した。感染リスクを小さくするため，対面授業や運動会などをひかえることによる，修学上や子どもの育ちに関わるリスクが生じることとなった。日常生活のさまざまな場面も同様であった。不要不急の外出や県境またぎの移動をひかえるよう推奨され，高齢者施設や病院での面会は制限され，移動する自由，大切なひとと会う自由は当たり前のものではなくなった。また経済活動も同様であった。リスク・トレードオフについては，第9章の本文およびコラムで詳述しており，そちらも参照されたい。

このように，パンデミックにあっては，単独のリスクとその因果関係と管理方策の検討だけでは不十分である。当該感染症（今回はCOVID－19）以外の疾病のリスク，その他の社会，経済，倫理，政治的な要因・影響までを含めた包括的な観点からの分析と，医療界，産業界，学界，市民社会，政府にまたがる包括的なガバナンスが求められる。

③偏見・差別の問題への対応

第3に，偏見・差別の問題である。COVID－19をめぐっては，患者さらには医療従事やその家族に対して偏見や差別の目が向けられた。歴史的にみても感染症にはいわれなき偏見・差別がつきまとってきたが，今回のCOVID－19パンデミックにおいても同様であった。

新型コロナウイルス感染症対策分科会「偏見・差別とプライバシーに関するワーキンググループ」の調査によると，国内初の死亡患者を担当していた看護師の感染の事例では，病院の外観が大々的に報道され，職員全体が感染者であるかのようなイメージがつくられたために医療機関としての機能を喪失するに至り，また，職員や職員の家族が，学校，勤務先，地域社会において差別的言動を受けていた。規模の大きなクラスターが発生した高校の事例では，教職員は感染対策以外に報道や誹謗中傷，保護者からの苦情などの対応に追われ，学校と生徒が誹謗中傷，プライバシー侵害にさらされた（日本公衆衛生協会，2023）。また，歓楽街が感染拡大の原因をつくったと名指しされ，メディア報道とも相まって，偏見・差別，風評被害，社会的分断が引き起こされ，感染防止への意欲や行政への信頼を失った事例もあった。これらは，結果的には円滑な治療や感染対策を阻害することにつながる。偏見・差別の問題への対応は引き続き求められる。

④広報・広聴・対話としてのリスクコミュニケーション

第4に，パンデミック対応におけるリスクコミュニケーションの重要性があらためて明らかになった。リスクコミュニケーションとは，個人，機関，集団間で情報や意見のやりとりを通じて，リスク情報とその見方の共有を目指す活動のことである。危機を乗り越える過程ではリスクコミュニケーションが行われる。COVID－19対応にあってもリスクコミュニケーションの重要性はさまざまに指摘された。世界保健機関（WHO），米国疾病予防管理センター（Centers for Disease Control and Prevention; CDC）などがガイドラインを設け実践コンテンツの提供を行うなど，国内外においてさまざまな機関がCOVID－19に関するリスクコミュニケーションを実践してきた。

これは自然災害への対策においても同様であるが，個人の力の及ばないことはあるものの，感染症災害に対しても，例えばマスク着用や手指衛生，自宅療養に備えての食品や日用品の準備など，リスクを小さくするために市民にできることも多い。個人の取りうる対策を具体的に提示し，自己効力感と「じぶんごと意識」を持ってリスクを捉えて対処にあたれるようなリスクコミュニケーションが必要とされ，実践された。

また，新興感染症では，その流行初期にはリスクの未知性や恐ろしさを強く認知し，行動変容を促すようなコミュニケーションが有効に作用するが，長引く流行の中では，トップダウンで一方向の情報発信の効果は次第に限定的となっていく。相手はそれぞれの価値観と合理性を持って判断し行為する主体であるとの前提にたち，信頼と共感を基盤としたリスクコミュニケーションの原則を貫くことの意義は，長期に渡るパンデミックを乗り越える過程においていっそう重要となった。また，WHOやCDCが市民を感染症対策のパートナーとして捉えているように，COVID－19パンデミックに対しては，ステークホルダー参加，コミュニティ・エンゲージメント，およびそれを支えるリスクコミュニケーションも求められた。広報に加えて，広聴，対話という形態のリスクコミュニケーションを行う必要があった（奈良，2022a；2022b)。

（2）次なる危機に備える―平常時の重要性

社会システムはいずれあらたな平衡を得るであろう。そのシステムは，感染症災害に対してよりレジリエントであることが望ましい。そのためのさらなる課題として，次のパンデミックに備えて平常時から取り組むことが必要となる（奈良，2023)。普段できないことは，いざというときにもできない。

例えば，パンデミックへの対応が迅速で，初期に流行を抑え込めていた台湾では，2003年の重症急性呼吸器症候群（SARS）流行の痛い経験から，次のパンデミックに備えるために，国家衛生指揮センター（National Health Command Center：NHCC）を設置し，2005年に伝染病防治法の見直しを終えていて，体制が整っており，今回のパンデミックには迅速に対応できたという（Yi-Chieh Jessica Lin，2022)。韓国もまた，2015年（中東呼吸器症候群（MERS）流行時の対策に失敗した直後）に，感染症制御・防疫法の改正を行い，2016年には，韓国疾病制御・防疫センターに，リスクコミュニケーション室(Office of Risk Communication）を設置し，地方政府，医療施設，市民に対して信頼の置ける情報を迅速に開示する方法のガイダンスを提供するようになったことが報告されている（Seung-Youn Oh，2022)。振り返って，日本では，平常時にパンデミックへの準備ができていなかったという指摘がある(鈴木，2020；福田，2020など)。

わが国にあっても，過去2009年に新型インフルエンザ（A/H1N1）が発生した。2010年には，対策の振り返りと課題提言が『新型インフルエンザ（A/H1N1）対策総括会議　報告書』としてまとめられた。その報告書の中の，例えばリスクコミュニケーションに関する記載を見てみると，「国民への広報やリスクコミュニケーションを専門に取り扱う組織を設け，人員体制を充実させるべきである」と明記されている。リスクコミュニケーションでは理論／知識と実践／スキルの調和が必要となり，そうした力量をあらかじめ身につけた人材を擁することは危機時の組織の対応力を高める。本来ならば収束を迎えた平常時のフェーズで本格的にこの課題に取り組むべきであるが，この報告書が出された後も本格的な対応はなされてこなかった。課題解決のこれ以上の先延ばしは避けなければならない。

その際，リスクの波及性をいかに考慮に入れられるかがポイントとなる。実際，前述のとおり，今回のCOVID－19パンデミックの影響は健康，医療分野の一次リスクにとどまらず，経済への影響のリスク，教育への影響のリスク，メンタルや若者の自殺リスクのような二次リスクにまで及んだ。リスクイベント発生の初期段階で，影響の波及範囲の見極めを行った上でリスク評価，リスク管理ならびにリスクコミュニケーションを実施することが必要であり，そうした能力を備える人材の育成と組織化が検討されなければならない。

4. パンデミックからの Build Back Better

(1) 感染症と人間社会との相互作用

ここからは，感染症に対するレジリエンスについて，時間的・空間的にさらに大きな視点で考えてみたい。

私たち人間の社会生活は，これまでも，ウイルスや細菌といった微生物および感染症とともに有り続けてきた。そこに共通しているのは，人間の住まい方，生産，移動，交易の活性化によって感染症が拡大したということである。生活をより豊かに，より利便性に富むものに，より有利なものにしようとする人間活動が，地球上での人間の活動圏域を広げ続け，ひとやものや情報をつなげ続けてきた。このことが感染症拡大の背景にある。

感染症学，国際保健学，医療人類学の立場から，山本太郎は「文明は感染症のゆりかご」だと述べる（山本，2011；2018；2020）。文明がなければ，私たちがいま直面する多くの感染症は人間の社会には定着しなかっただろうということである。農耕・定住の開始と前後して野生動物の家畜化がはじまり，ウシ，ヒツジ，ブタ，ニワトリ，イヌといった動物と人間との距離が圧倒的に近くなった。その結果，そうした動物を宿主としていた微生物がヒトにもたらされることになった。さらに人間は，生態系への際限ない進出を続けた。現代においても人間は，開発という名の下に森林の伐採を行ない，自然生態系の中にズカズカと入り込んでいる。それにより，野生動物と人間との物理的な距離がさらに縮まってしまい，新たな感染症が人間の社会に発生することとなる。

感染症というと，私たち人間の生活や社会にウイルスや細菌といった微生物が招かれざる客としてやってきて，私たちの平穏な生活や社会を崩壊させると考えてしまいがちだが，そうではない。私たち人間が彼らのほうに近づいていったのである。地球上に同じ生を受けたものとして，まずこの歴史的な事実を真摯に受け止めたい。

さらに山本は，微生物の両義性についても以下のように指摘している（山本，2017；2020）。ある場合にはヒトに害として働くけれど，ある場合には利益をもたらすという両義性を微生物は有している。ある種の微生物の不在は大きな不利益（健康被害）をヒトにもたらしうる。いっぽうで私たちが「有害」と考える微生物であっても，相互関係の連環の中で，ヒトの利益と機能している可能性がある。山本は，ウイルスや細菌を含む多くの微生物が，人類の生存，あるいは地球という惑星の維持に必要不可欠であるとし，ウイルスや細菌と人間との関わり合いかたについて，「私たちに残されている道はひとつしかない。共生である。ヒト以外が消えた世界で，ヒトは決して生きていけないのだから」と述べる。

（2）感染症を乗り越えながら，新たなレジリエンスを獲得する

感染症は社会システムの変革の大きな契機になる。感染症の大規模な流行が，文明や文化，インフラなど，人間の生活・社会に大きな変革をもたらすということは，これまでの長い歴史の中で何度も繰り返されてきた（小長谷，2020；山本，2020；脇村，2020）。例えば，14世紀に猛威をふるったペストでは欧州の人口の1/3が死亡するという大きな被害があった。この結果労働力人口が不足し，人件費の高騰にともなって新技術が開発・導入され，職人や商人，農民の地位が向上した。また，ペ

ストの脅威を防ぐことのできなかった教会の権威が後退し宗教改革が進展した。さらには，身分や家柄によらず新しい技術や文化を探究する人材が台頭，登用されるようになり，社会や思想の枠組みを変える原動力となった。それらは新しい価値観の創造へとつながり，やがて欧州はルネサンスを迎え，文化的復興を遂げる。

また，19世紀に世界中で流行したコレラについては，これを契機に公衆衛生への意識が高まり，イギリスや日本でも近代下水道が建設されるようになった。20世紀はじめにはスペイン風邪が世界中で流行したが，一般市民が感染対策としてマスクを着用するようになり，医療制度の見直しが行われ，イギリスでは国民皆保険制度が設立された。さらに流行後に起こったことは新興国アメリカの台頭だった。アメリカはその後，世界の政治や経済の中心となっていく。

新型コロナウイルス感染拡大が収束した世界でも，なんらかの変革が起こるであろう。その兆しはすでにさまざまに見られる。例えばテレワークやオンライン授業がそうである。これらを可能とする技術や教材，しくみが次々に開発されている。これらは，働き方や住む場所，教育や学校のあり方，学校の価値の見直しにもつながりうる。また，直接的な感染症対策について言えば，前節までに述べてきたような諸課題にとり組むことで，感染症への社会的な対応力が高まるであろう。さらに，第１章で述べたとおりWHOが示したユニバーサル・ヘルス・カバレッジと医療保障を備えた医療システムが構築されていくであろう。

レジリエンスは単なる現状復旧ではない。もとより被災は不可逆的である。COVID－19パンデミックという災害からの，長く険しいプロセスを経て，私たちの社会システムにとってのBuild Back Betterが実現することを期待したい。

(3) ワンヘルス (One Health) という考え方―人間，動物，環境の健全性はひとつ―

本章では，主にCOVID－19パンデミックをとりあげながら，感染症に対するレジリエンスを考えてきた。長い歴史を振り返れば，これまでもそうであったように，COVID－19パンデミックからのBuild back betterも期待しうるとも述べた。しかしそのためには相当な努力が必要である。無策で不作為のままではレジリエンスは高まらないし，それどころか，かえって低下してしまう恐れすらある。そこで本章の最後に，感染症に対するレジリエンスを高める努力をする上で，現代社会において，とくに重要な考え方となるワンヘルス（One Health）という概念について示しておきたい。

ワンヘルスとは，人の健康，動物の健康，環境の健全性をひとつの健康と捉え，一体的に守っていく考え方である。地球上でヒトとヒト以外の生物は相互に関係し合いながら生きているという事実を踏まえ，人間，動物，環境，微生物が調和し，共生・共存していくために必要かつ有効となるのが「ワンヘルス・アプローチ」なのである。

ここであらためて，COVID－19は人獣共通感染症であることを述べておこう。他にも，狂犬病，新型インフルエンザ，牛海綿状脳症（BSE），鳥インフルエンザ，エボラ出血熱，MERS，SARSといった感染症は，人と動物双方に感染する人獣共通感染症である。森林開発や土地利用の変化，これらに伴う生態系の劣化や気候変動などによって人と動物との関係性が変化したために，元来野生動物が持っていた病原体が，さまざまなプロセスを経て人にも感染するようになった。つまり，人獣共通感染症は自然破壊と深い関わりを持つのである。

今後も地球上の各地で自然破壊が進めば，新たな感染症のパンデミックが再び発生する可能性がある。そうした危機に対してレジリエントであるためには，人間にとっての医療を考えるだけでは十分ではない。自然生態系と，野生動物や家畜，そして人間の健康を，等しく健全な状態に保ち守っていくことが必要となる。例えば野生動物の生息環境の破壊を防ぐためには，その背景となっている経済や現地の社会的状況をも射程に入れ対応していくことが求められる。

ワンヘルスの理念は，1993年の世界獣医師会世界大会で採択された「人と動物の共通感染症の防疫推進や人と動物の絆を確立するとともに平和な社会発展と環境保全に努める」という「ベルリン宣言」が端緒とされている。その後，日本を含めて世界中に，また医学と獣医学の垣根を越えて広がった。

わが国では，2021年に福岡県で，ワンヘルスの実践に関する条例として全国で初めてとなる「福岡県ワンヘルス推進基本条例」が施行された。この条例では，次の６つの基本方針が示されている。①人獣共通感染症対策（医療，獣医療をはじめ各分野と連携し，発生予防，まん延防止をはかる），②薬剤耐性菌対策（薬剤の適正使用を推進する），③環境保護（自然環境の保全を図る），④人と動物の共生社会づくり（動物愛護の推進と野生動物の理解と共存を図る），⑤健康づくり（自然や動物とのふれあいを通じた健康づくり），⑥環境と人と動物のより良い関係づくり（健全な環境下における安全な農林水産物の生産・消費・食育を推進する）。これらワンヘルス実践の基本方針（６つの課題への取り組み）は，ワンヘルスの実践の仕組みを構築し，県民及び動物の健康並びに環境の健全性を一体のものとして守り，その活動を次世代に継承していくことにつながる。こうした取り組みは他の自治体にも広がりを見せている。

「危機とレジリエンスは永遠のスパイラルであり，それが現代にまで続いている」と考古学者の藤井純夫はいう（藤井，2018）。歴史をさらに遡ってみれば，初期の人類は飢餓という危機に直面した。その逆境から回復，変革するために，人間は環境に手を加え，農耕・定住という新たな平衡にたどり着いた。それが今度は感染症の拡大という新たな危機・逆境をもたらした。さらにこれを乗り越えるため，疫学や薬学をはじめとする学問が発展し，医療制度が構築され，公衆衛生が普及する。そうやって高めたレジリエンスを携え，人間の環境への介入はさらに続く。人口の増加，都市への密集，世界の隅々まで発達した交通網，国境を越えた激しい人の行き来。それがまた今回のCOVID－19パンデミックという新たな危機をもたらした。そして，そこから私たちは，また，新たなレジリエンスを獲得すると信じたい。自然生態系や他の動物との関係性に敬意を払い，謙虚になりながら。

自然災害のリスクが常に身近にあるように，パンデミックのリスクも常にある。平常時から感染症のリスクを意識し，「感染症と共存・共生する社会をどうつくるか」について考え，主体的にこれに取り組むことがまずは必要であろう。

参考文献

尾身茂（2023）「新型コロナウイルス　これまでとこれから」『學士會会報』No.958（2023－1）

小長谷正明（2020）『世界史を変えたパンデミック』幻冬舎

新型インフルエンザ（A/H1N1）対策総括会議（2010）「新型インフルエンザ（A/H1N1）対策総括会議報告書」2010．6．10，厚生労働省ウェブサイト　https://www.mhlw.go.jp/bunya/kenkou/kekkaku-kansenshou04/dl/infu100610-00.pdf

鈴木一人（2020）「第3部　ベストプラクティスと課題：第6章　危機対応コミュニケーション」アジア・パシフィック・イニシアティブ『新型コロナ対応・民間

臨時調査会―調査・検証報告書―』ディスカヴァー・トゥエンティワン，pp. 342-357

奈良由美子（2022a）「COVID－19災害を乗り越える」稲村哲也，他（編）『レジリエンス人類史』京都大学学術出版会

奈良由美子（2022b）「COVID－19のリスクコミュニケーションの課題」『公衆衛生』86(7)，pp. 628-637

奈良由美子（2023）「新型コロナウイルス感染症の経験が示す新たな課題」国立国会図書館『科学技術のリスクコミュニケーション―新たな課題と展開―』，pp. 89-97

日本公衆衛生協会（2023）『新型コロナウイルス感染症対応記録』（尾身茂・脇田隆字監修，正林督章・和田耕治編集）令和 4 年度地域保健総合推進事業 http://www.jpha.or.jp/sub/topics/20230427_2.pdf

野田隆（1997）『災害と社会システム』恒星社厚生閣

広瀬弘忠（1996）『災害に出合うとき』朝日新聞社

福田充（2020）「コロナ禍で明らかになった自治体危機管理の課題と展望（上）リスク・マネジメントにおける危機管理 4　機能の構築」『ガバナンス』231号，2020. 7，pp. 118-120

藤井純夫（2018）「食糧生産革命とレジリエンス」奈良・稲村編著『レジリエンスの諸相―人類史的視点からの挑戦―』放送大学教育振興会. pp. 95-111

藤垣裕子（2021）「作動中の科学と科学的助言―時間軸と責任境界をめぐって―」『研究技術計画』36巻 2 号，p. 108-115

マクニール・ウィリアム・H.（佐々木昭夫訳）（2007）『疫病と世界史（上）・（下）』中央公文庫

山本太郎（2011）『感染症と文明―共生への道』岩波書店

山本太郎（2017）『抗生物質と人間―マイクロバイオームの危機』岩波書店

山本太郎（2018）「ヒトと病原菌の共存とレジリエンス」奈良・稲村編著，前掲書. pp. 131-146

山本太郎（2020）『疫病と人類―新しい感染症の時代をどう生きるか』朝日新聞出版

脇村孝平（2020）『10の「感染症」からよむ世界史』日経 BP

Centers for Disease Control and Prevention (CDC): Crisis and Emergency Risk Communication (CERC) Manual https://emergency.cdc.gov/cerc/manual/index.asp

Fakhruddin, BS, et al. (2020) Are we there yet? The transition from response to recovery for the COVID-19 pandemic. Progress in Disaster Science 7, 100102 : p.1-5

Seung-Youn Oh (2022) "From a 'Super Spreader of MERS' to a 'Super Stopper' of COVID-19: Explaining the Evolution of South Korea's Effective Crisis Management System," Journal of Asian Public Policy, Vol.15 No.2, pp.250-265.
https://doi.org/10.1080/17516234.2020.1863540

UNISDR (United Nations International Strategy for Disaster Reduction): 2009 UNISDR Terminology on Disaster Risk Reduction.
https://www.undrr.org/publication/2009-unisdr-terminology-disaster-risk-reduction

UNDRR (United Nations Office for Disaster Risk Reduction): Hazard definition and classification review, 2020
https://www.undrr.org/publication/hazard-definition-and-classification-review

UNDRR (United Nations Office for Disaster Risk Reduction): Sendai Framework for Disaster Risk Reduction 2015-2030
https://www.undrr.org/publication/sendai-framework-disaster-risk-reduction-2015-2030

WHO: WHO Director-General's opening remarks at the media briefing on COVID-19-11 March 2020
https://www.who.int/director-general/speeches/detail/who-director-general-s-opening-remarks-at-the-media-briefing-on-covid-19---11-march-2020

WHO: Risk communication and community engagement readiness and response to coronavirus disease (COVID-19), Interim guidance, 19 March 2020
https://www.who.int/publications/i/item/risk-communication-and-community-engagement-readiness-and-initial-response-for-novel-coronaviruses

Yi-Chieh Jessica Lin (2022) "Establishing Legitimacy through the Media and Combating Fake News on COVID-19: A Case Study of Taiwan," Chinese Journal of Communication, Vol.15 No.2, pp.250-270.
https://doi.org/10.1080/17544750.2021.2011343

コラム

ワンヘルスとヒューマンネットワーク

賀来　満夫（東北大学名誉教授・客員教授，
東京感染症対策センター所長）

公衆衛生の普及や優れたワクチン，抗微生物薬の登場などにより一見制圧できたかに見えた感染症は，再び私たちの前に大きな脅威として蘇ってきた。WHO（世界保健機関）は1996年，「我々は今や地球規模で感染症による危機に瀕している。もはやどの国も安全ではない」との警告を発したが，MRSAや多剤耐性アシネトバクターなどのさまざまな薬剤耐性菌による感染事例の多発や，アジア諸国を中心に大規模なアウトブレイクへ進展した重症呼吸器症候群（SARS），41年ぶりに発生したパンデミックインフルエンザ，1976年以降しばしばアフリカでアウトブレイクが発生しているエボラ出血熱（エボラウイルス病），2012年から中東諸国や韓国で院内感染事例などを起こした中東呼吸器症候群（MERS），高病原性鳥インフルエンザウイルス（H5N1，H5N8）が原因となった鳥インフルエンザ感染症など，次々と新興・再興感染症が出現してきている。

このうち，2009年に世界的な大流行パンデミックとなった新型インフルエンザは人，ブタ，鳥由来の4種類のインフルエンザウイルスのハイブリッドウイルスが原因であり，エボラウイルス病はコウモリ由来のウイルス，さらにMERSはコウモリ・ヒトコブラクダ由来のウイルスが原因となるなど，いずれも人獣共通感染症であることが明らかとなっている。また，薬剤耐性菌感染症においても，ヨーロッパなどでは，「動物」由来のMRSAが「人」への感染を起こした事例や，バンコマイシン耐性腸球菌VREやESBLと呼ばれる第三世代セフェム系抗菌薬などに耐性を示す大腸菌が鶏肉が感染源となり，「人」へ感染を起こすことが報告されている。さらに，東日本大震災などの際には，「環境」由来微生物である破傷風菌やレジオネラ菌による感染症が発生するなど，災害時における「環境」由来微生物への対応が大きな課題となっている。

また，2019年12月31日に中国湖北省の武漢市で原因不明の肺炎として発生した新型コロナウイルス感染症（COVID－19）パンデミックは，2023年9月6

日の時点で，世界中で7億7,000万人以上の感染者数，695万人を超える死亡者数が報告され，100年前のスペイン風邪に匹敵される感染症危機となっているが，このCOVID−19もまた，「動物」由来のコロナウイルスが起源と考えられている。

このような，世界における危機・脅威となっている感染症に対して的確に対応していくためには，これまでの考え方を根本的に見直し，「ワンヘルス」という新たなコンセプト，視点を考慮していく必要がある。すなわち，この地球という生態系，「環境」の中で共に生きている，「人」，「動物」そして「微生物」，これら「生きとし生けるもの」が互いに関わるなかで，「人・動物・環境・微生物」の調和・バランスを総合的にとらえる，これまでの感染症についての考え方を劇的に変化させるパラダイムシフト：“ワンヘルスアプローチ”が極めて重要となってくる。そのため，今後，感染症学，感染制御学，臨床微生物学，公衆衛生学などの感染症領域だけでなく，獣医学や環境学，食品栄養学，農業科学，工学，理化学，社会行動学，社会心理学，情報通信学など，これまでの専門領域を超えた多角的かつ総合的なネットワークを構築していくことが必要となる。

現在，我が国においては，“ワンヘルスアプローチ”の一環として，厚生労働省・農林水産省を中心とした薬剤耐性菌（AMR）アクションプランの策定や，医師会・獣医師会合同シンポジウムの開催などが行われ，2021年6月には，“ワンヘルスアプローチ”に基づいた感染症および感染制御を中心としたヘルスケアに関する研究の進歩・普及，国内外の感染症に関わる人々の交流，ヘルスケアの質と安全の向上，国民の健康増進を目的とした「ジャパンワンヘルスネットワーク財団」が設立され，活発に活動が行われている。

ここまで，今後は感染症に対して，動物由来や環境由来の微生物などを含めた多様性を常に考えていく“ワンヘルスアプローチ”が重要であることを述べてきた。そのことに加え，感染症は単に個人や一医療施設だけの問題にとどまらず，人々の交流や交通の発達も相まって，地域・社会全体へ感染が伝播蔓延・拡大し，大きな影響を引き起こす可能性があること，グローバル化・ボーダーレス化している感染症は危機（クライシス）そのものであることを誰もがあらためて認識し，意識していく必要がある。さらに，このような“感染症クライシス”に対応していくためには，リアルタイムに情報の収集・共有化をはかり，さらにその情報を可能な限り解析・評価し，それらの解析情報を基に判断・意思決定を行い，連携・協力し，対応・実践していく必要がある。すなわち，感染症危機管理の観点から，“エビデンス・インテリジェンスに基づいた意思決定”のもとに“迅速かつ確実な情報提供・共有化”をはかり，“リスクコミュニケーション”を通じて，“コンプライアンスの向上やプロセス管理の徹底”につとめ，行政，医療関連施設，市民，学校，企業，メディアなどの相互の連携・協力により地域社会全体で，“感染症危機管理ソーシャルネットワーク”を構築していく必要がある。

このような地域における感染症危機管理ネットワークのモデルとして，2020年9月に，調査分析や情報収集・発信を通じて，東京都に感染症に関する政策立案の提言を行う「東京感染症対策センター（東京 iCDC）」が発足した。この東京 iCDC では，健康危機管理対策本部と専門家ボードが両輪となってさまざまな専門領域で連携して活動し，外部機関との連携による各種タスクフォースの立ち上げや共同研究，人材育成なども併せて推進していく組織となっている。現在，東京 iCDC には，リスクコミュニケーション，疫学・公衆衛生，検査診断，感染制御，感染症診療，微生物解析，研究・開発，人材育成，情報マネジメントの9つの専門家ボードが設置され，多くの専門家が参加し，さまざまな活動が展開されている。特に，リスクコミュニケーションチームでは複数回にわたって都内に住む1万人を対象にアンケート調査を行い，これまでにない双方向性のリスクコミュニケーションが実践され，東京都の政策決定などにも活用され，大きな成果が挙げられている。

最後に，感染症は個人，組織，そして社会すべての壁を越える疾患であり，「人」，「動物」，「環境」すべてが相互に関連し，地球生態系のなかで，これからも永遠に続く課題である。この永遠の課題である感染症に我々が対応していく上で，平時から，「人」と「人」とが連携協力し，社会全体で“ヒューマンネットワーク”を構築し，総合的なマネジメントを実践することが，最も強力なヒューマンワクチン，最強のワクチンであることを強調し，このコラムを終えたい。

7 災害レジリエンスにおける「予測」と「想定」

鈴木　康弘

《目標＆ポイント》　本章では近年の大きな地震災害の教訓を振り返りつつ，災害レジリエンスについて考える。災害レジリエンスとは，災害が起きてもそれを乗り越える力のことである。それには災害から復興までのさまざまな要素があるが，事前の「想定」はとくに重要である。「想定」することで採るべき対策がわかり，それを実行することで被害を軽減できる。また，災害後の復旧・復興の方向性が定まる。「想定」はレジリエンスを支える鍵であるといっても過言ではない。

よく似た言葉に「予測」がある。「予測」と「想定」は混同されがちだが，違う概念の言葉である。東日本大震災の事例から，この2つが混同されることに重大な問題があることが見えてくる。東日本大震災のような「想定外」を二度と繰りかえさないためにも，両者を峻別することを心がけたい。

《キーワード》　予測，想定，阪神淡路大震災，東日本大震災，熊本地震，レジリエンス

1．大震災から学ぶレジリエンスの課題

20世紀末以降，世界各地で大震災が繰り返され，災害レジリエンスは国際的にも注目された。きっかけとなったのは1995年の阪神淡路大震災であり，国連は2005年に今後の防災の指針として「兵庫行動枠組2005－2015」を採択し，レジリエンスの重要性を指摘した。そして阪神淡路大震災以降，日本はさまざまな対策を進めたが，残念なことに2011年に再び東日本大震災で甚大な被害を被った。そのため国連は2015年に改めて

レジリエンス向上を図るため，「仙台防災枠組2015－2025」を決定した。

国際的にもレジリエンスの重要性に気づきつつ，なぜ大震災による深刻な被災が繰りかえされるのか。その背景に何があるのか，本章では「予測」と「想定」に焦点を当てて考えてみたい。

2．阪神淡路大震災における「安全神話の崩壊」

（1）阪神淡路大震災の衝撃

1995年１月17日午前５時46分に明石海峡を震源に起きた兵庫県南部地震は，淡路島の北淡市（旧北淡町）から神戸市・芦屋市・西宮市の地下にあった活断層の活動により引き起こされた。この地震により，この地域で安心して暮らしていた市民6,437名が死亡もしくは行方不明となった。４万人が負傷し，70万棟近い建物が損壊し，被害総額は約10兆円に達した。このような大地震は1948年福井地震以来47年ぶりであり，当時，戦後最悪の地震災害が起きたといわれた。

都市が大きな揺れに襲われたことから，多くのビルや家屋が倒れ，高速道路や鉄道の橋脚が倒壊し，港湾が液状化により変形し，斜面崩壊も起きた。その被害は当時，「安全神話の崩壊」と呼ばれた。日頃，倒壊の危険性をまったく感じることなく安心しきってくらしていたため，構造物の倒壊はあまりに衝撃的で，多くの市民が心理的にもダメージを受けた。そのためこの言葉は多くの人々の共感を集めた。

その後，さまざまな構造物の耐震基準に疑問が持たれ，見直されることになった。周期１～２秒程度の特殊な震動が，多くの木造家屋を倒壊させたことも明らかになった。建築基準そのものは大きく変更されなかったが，橋梁などの土木構造物の施工基準は変更を迫られた。原子力発電所の安全性にも再検討が求められた。

図7－1　阪神高速道路神戸線の「想定外」の倒壊（1995年1月17日，神戸市東灘区深江南町，写真提供：共同通信社）

「安全神話の崩壊」は構造物に対してのみではなかった。それまで多くの住民は，「関西には地震は来ない」と思い込んでいた。地震の歴史を見ればあり得ない話なのに，戦後に関西で地震活動が活発でなかったことや，1970年代以降に東海地震に注目が集まりすぎたことが影響していたのかもしれない。市民は地震の原因となる活断層が都市直下にあったと聞かされ，「神話の崩壊」によって疑心暗鬼な社会状況が生まれた。

（2）地震発生はどの程度予測されていたか

神戸の六甲山地の麓に活断層（六甲断層）があることは，Huzita（1967）などの研究により既に1960年代には明らかになっていた。この六甲断層（後に「六甲―淡路島断層帯」と呼ばれるもの）は，Matsuda

(1981) により全国12の「要注意断層」のひとつにも挙げられていた。また,「日本の活断層」(活断層研究会, 1981) に確実度Ⅰの活断層として明記され, 日本で最も有名な活断層のひとつとして専門家の間ではよく知られていた。

活断層は, 多田 (1927) により,「極めて近き時代まで活動を繰りかえした断層で, 今後もなお活動する可能性のあるもの」と定義されていた。これが集中する地域として, 阪神地域は1970年に, 当時の地震予知計画における観測強化地域のひとつとされていたが, ほとんど話題にならなかった。

その背景には, 当時の防災の考え方が大きく左右していた (鈴木, 2001)。すなわち, 災害発生の可能性 (ハザード) を国民にただ伝えることは混乱を招くため, 採るべき対策とセットでなければ公表すべきでない, と一般に考えられていた。この考えは, 防災は国が責任を負うという意味で妥当性があるが, 一方で, 活断層が起こす地震のような低頻度巨大災害 (低頻度であるが可能性があり, ひとたび起きれば甚大な被害が生じる事象) に関しては対策が定まらない。そのためいつまでも活断層は公表の対象にならず, 対策の「想定外」になる。神戸市では1970年代に都市計画が議論された際, 想定震度を5としていた。検討過程においては活断層の影響も検討されたが, 地震発生の可能性は低いとして考慮されなかった (室崎, 1998)。

地震発生後, こうした態勢は見直され, ハザード情報の公開が一気に進んだ。1990年代後半は情報公開が行政の大原則となっていた。新聞の世論調査で,「活断層の存在がわかっていたなら, たとえ対策が示されなくとも, 地震発生の可能性だけでも知りたかった」という意見が9割を超えたことも, 活断層の情報公開を後押しした。

1995年には省庁横断型の地震調査研究推進本部 (以後, 地震本部と記す）が当時の総理府の下に新設され，地震関連情報が取りまとめられ，「全国地震動予測地図」の作成が進められた。また，国土地理院は縮尺２万５千分の１の「都市圏活断層図」を研究者の協力を得て作成するようになった。地震のみならず，火山，洪水，津波，土砂災害などの災害に関するハザードマップの整備も一気に進んだ。

以上のように阪神淡路大震災の時点では，科学的予測は必ずしも公表されず，当時はそれが容認されていた。しかしそれでは低頻度巨大災害に対応できないとして，パラダイム変換が求められたともいえよう。日本学術会議は2007年に「地球規模の自然災害の増大に対する安全・安心社会の構築」という答申を発表し，災害軽減に向けて第一に必要なことは「安全・安心な社会の構築へのパラダイム変換」であるとした。すなわち「短期的な経済効率重視の視点から，『安全・安心な社会の構築』を最重要課題とするパラダイム変換」が求められた。

3．東日本大震災における「想定外」

（1）「想定外」のミスリード

阪神淡路大震災の16年後に起きたのが東日本大震災である。この間にハザードマップの整備や各種の防災教育は実施されていたが，「パラダイム変換」はできたであろうか？

2011年３月11日14時46分，宮城県牡鹿半島沖の太平洋を震源にマグニチュード9.0の東北地方太平洋沖地震が発生した。一部地域では最大震度７の強い揺れが数分間続き，多くの建物被害が生じた。そして約30分後には東北地方の太平洋岸に大津波が到達し，岩手県・宮城県・福島県内では８m 以上の津波が海岸部を襲い，一部の谷沿いでは標高約40mまで遡上した。この地震による人的被害は，災害関連死を含め死者・行方不明者約2万2千人，負傷者6千人以上となった（2023年3月時点）。

東日本大震災の際，これほど大きな地震や津波は「想定外」だったと，防災責任者はコメントした。マスコミはそれを「誰も予測しなかった，人知を超える天災」「未曾有の災害」として報道した。その結果，日本中に絶望感や無力感が拡がり，その後の復興へ向けた意欲低下にもつながった。

しかし，その後の検証により，「想定外」とは「予測しなかった」という意味では無いことが判明した。すなわち，「予測」はあったのにそれを対策上の「想定」に加えなかったという意味だった。また，896年（貞観地震）や1611年（慶長三陸地震）にも同様の大津波が起きていたことから，「未曾有」でもないことも明らかになった。2000年頃から地震本部は過去の大津波に注目して多くの調査を行い，その結果は度々報道されていた。地震直後の報道はこうした事実とも相容れず，マスコミによるミスリードといわざるを得ない（鈴木，2012）。

「想定外」とコメントした人の中には大津波により福島第一原発事故を起こした東京電力や，原子力発電所の安全規制を行う原子力安全・保安院の担当者も含まれた。彼らによる「想定外」という言葉が，「予測」しなかったという意味ではないことは以下の事実からも明らかである。

2002年に地震本部は，福島県沖においても大津波が発生する可能性があるとするレポート（長期評価）を公表した。それを受けて2008年に東京電力は，福島第一原発の敷地内で15.7mの津波が起きることを試算した。2009年に原子力安全・保安院は対策を促したが，東京電力はその後も対策をしなかった。そして2011年3月7日に東京電力と保安院は，このような現状を確認していたという。

東日本大震災から学ぶべきは，「予測」と「想定」とは別の概念であり，混同すればミスリードにつながるということである。「予測」は科

図７－２　仙台平野に押し寄せる「想定外」の津波（2011年３月11日　15時55分，宮城県名取市，写真提供：共同通信社）

学者の責任であり，「想定」は対策者の責任である。科学者は予測に関する説明責任，対策者および監督者は判断および実施責任を負う。

（２）どの程度「予測」されていたか

地震の予測情報を発信するのは地震本部の役割である。「予知」という言葉には，「いつ」起こるかを「直前」に教えてくれるというイメージがあり，それに強く依存した地震対策は危うい。そのため阪神淡路大震災以降は，今後数十年間の地震発生の可能性に注目した「予測」に重点が置かれるようになった。

東北地方の太平洋沖での地震予測として，地震本部は２つのメッセージを発していた。ひとつは揺れの大きさを示す「地震動予測地図」，もうひとつは地域ごとの地震発生予測をまとめた「長期評価」である。前者は後者の情報に基づいて作られるが，必ずしもうまく情報を取り込めないこともある。東北地方太平洋沖地震はその例である。

地震動予測地図は，今後数十年間に起こりえる全ての震源を特定して，その揺れを計算している。さまざまな観点から複数の図が作られているが，そのうち「今後30年以内に震度６弱以上になる確率の図」は広く知られている（**図７－３**）。その2010年版を見ると，仙台周辺は確率が高いことを示す赤色（**図７－３**では濃いグレー）で塗られていた。その主な理由は，宮城県沖では約37年間隔で地震が繰りかえされ，1978年の宮城県沖地震（M7.4）から既に32年経っているため，今後30年以内の地震発生確率が99%とされていたためである。宮城県以北ではその影響が大きいため警戒が促されていたが，福島県以南では無警戒だった。

問題となった長期評価は，2002年の「三陸沖から房総沖にかけての地震活動の長期評価」である。その中で，プレート境界におけるＭ８クラスの大地震（津波地震）がこの地域のどこかで約400年に３回発生していることが指摘された。しかし「これまでの記録によれば，同じ場所で繰り返し発生しているとは言いがたい」とされていた。宮城県沖地震のように場所と間隔が具体的に特定されれば，地震動予測地図に明示的に反映されるが，そうでない場合には扱われにくい。地震動予測地図には差し迫った地震の震源域も示されていたが，2011年の地震の震源域は描かれておらず，予測できなかったという印象を強めた。

それでもこの長期評価が，2002年時点で過去に大津波の観測記録のない福島県以南も含め，どこで起きても不思議はないとして警戒を促していたことは注目に値する。しかし残念ながら防災情報として機能しなかった。その背景には，内閣府からの申し入れにより「地震発生確率や予想される次の地震の規模の数値には誤差を含んでおり，防災対策の検

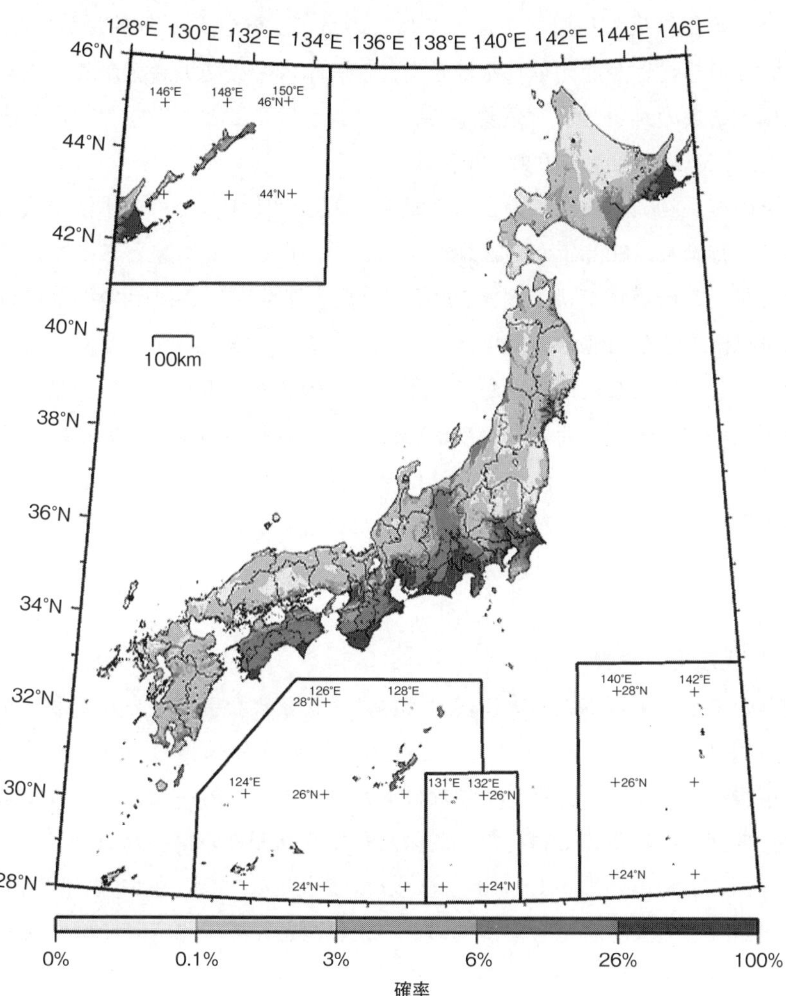

（モデル計算条件により確率ゼロのメッシュは白色表示）

図７－３　2010年から2040年の間に震度６弱以上の揺れに見舞われる確率
（平均ケース・全地震）（基準日：2010年１月１日）（防災科学技術研究所）

討など評価結果の利用にあたってはこの点に十分留意する必要がある」という但し書きが加えられたことや，2004年の中央防災会議がこの長期評価は防災の対象とする必要がないと結論づけたことが影響した可能性もある（島崎，2019-2020，2023）。

その後，2002年以降，過去の大津波を明らかにするための津波堆積物調査が行われ，2005年からは地震本部による重点調査対象とされた。その結果，この海域ではおよそ500年に一度大津波が起き，その影響は福島県以南を含む東北地方太平洋岸全体に及ぶことが明らかになり，それを明記した新たな長期評価が2011年４月に公表されようとしていた。この発表が地震発生に間に合わなかったことは残念であるが，原案はすでに確定し，少なくとも関係機関には事前説明が行われていた。こうした事実から，大津波は「予測」されていたが「想定」されていなかったといわざるをえない。

（３）大震災の教訓

このように東日本大震災においては，さまざまな事情から「予測」が「想定」につながらなかった。科学的な知識の限界は常にあり，不確定な情報をどこまで「想定」につなげるかは難しい。解明できない科学に責任を押しつけるのは容易だが，果たしてそれで良いだろうか。

もしこの地震発生があと10年遅ければどうだっただろうか。大津波500年周期説が公表されても，確度の低い情報だとして「想定」にはつながらなかったのではなかろうか。大津波が起きるかもしれないという情報は，原発開発などの経済活動の妨げになりかねず，「不都合な真実」と受け取られやすい。それでもそれを受け容れる「想定力」を我々の社会が持っていたかどうかが試されたであろう。

備えるべき（想定すべき）地震の規模は，「既往最大」か「理論上最大」か，という議論もあった。従来，前者すなわち，過去に起きた最悪の事象に備えることが基本であった。震災直後，「既往最大」では不十分だったのだから「理論上最大」に備えるべきだと盛んにいわれた。しかし，東日本大震災における深刻な事態は，「既往最大」の認定が甘かったために起きたのであり，「理論上最大」を考慮しなかったことが原因ではなかろう。科学の限界も考慮した上で，その知見を最大限活かして「既往最大」を慎重に見極めることも，「想定」のあり方として重要なのではないだろうか。

4. 熊本地震が提起したレジリエンスの課題

2016年熊本地震は，布田川―日奈久断層帯という活断層が起こしたものであり，阪神淡路大震災から21年ぶりに起きた直下地震だった。この間にさまざまな対策が進められたため，活断層地震対策の妥当性が問われることになった。

４月14日にM6.5の前震が起き，その２日後の16日未明にM7.3の本震が起きた。規模の小さな前震においても益城町では震度７になり，本震で再び益城町は西原村とともに震度７となった。地表に断層が現れ，断層から100m 以内に被害が集中した。ここでは，「予測」を「想定」につなげる難しさという点に絞って，この地震について考えてみよう。

この地震は，地震本部が活断層の長期評価を1996年に開始した後，初めて，ほぼ予測どおりに起きた地震だった。この間，活断層地震としては2004年新潟県中越地震，2007年能登半島地震と新潟県中越沖地震，2008年岩手・宮城内陸地震，2014年長野県神城断層地震などが起きているが，いずれもＭ７を下回る，予測よりひとまわり小さな地震だった。しかし熊本では，事前に「M7.0程度（もしくはそれ以上）の地震が発生すると推定され，その際に右横ずれを主体として2m程度のずれを生じる」とされ，2016年にほぼそのとおりになった。これは活断層の過去の活動の特徴からの予測であり，手法の妥当性が確認された。

さらに，地震発生確率は「やや高い」とされていたことにも注目が集まった。しかしアンケート調査によれば，住民の防災対策の実施率は25%程度で，全国平均の50%を大きく下回った（竹内，2022）。地震本部は，予測情報が十分に活用されなかったとして一層の周知徹底を図る必要性があるとした。

しかし，こうした確率論的な予測情報を防災に活かすことは容易ではない。熊本県は，むしろ地震動予測地図によれば地震が起こりにくい県であるとして，企業誘致の材料としても使っていた。今後30年以内の地震動予測地図では，頻繁に起きる海溝型地震の影響が目立つため，活断層地震が隠れてしまった。こうした地図をどのように防災に活かすべきかは，難しい課題であることが露呈した。

ところで，活断層の周知はどの程度進んでいたのか？　地震直後の地震本部のアンケートは「地震発生確率がやや高い布田川—日奈久断層帯の存在を知っていたか」を問い，約30%であったとした。そしてこの数値を上げることが今後の課題だとした（平田・木村，2017）。しかし防災上は，活断層の名前や長期評価結果よりも，存在そのものを知っているかどうかが重要なため，著者らは地震から3年後に再び「活断層があることを知っていたか」だけを問い直した。その結果，大半（約60%）の住民は知っていたと回答した（鈴木他，2022）。

そして事前の地震対策の有無を尋ねたところ，75%はしていないと答え，その理由の第一は，「現実には地震は起きないと思っていたから」というものだった。これは，「活断層は存在しても滅多に地震を起こさない」と説明されがちなことに原因がある。「滅多に地震を起こさない」

図７-４　熊本地震一ヶ月後の熊本県上益城郡益城町（2016年５月13日，写真提供：共同通信社）

ではなく，「頻度は低いがいつか必ず地震を起こす」といわなければならない。「予測」を「想定」につなげるためには，「予測」をどのような言葉で表現するかも重要な鍵を握っている。

5．まとめ：「予測」と「想定」の峻別と責任の明確化

「予測」と「想定」という言葉は混同して使われがちである。そもそも自然科学者は科学的議論においては「想定」ではなく，「予測」「推定」などの言葉を用いるべきである。報道関係者も「予測」と「想定」を区別して用いるべきである。また一般市民は，「想定」という言葉を聞いたら，その真意を確かめる必要がある。

「予測」と「想定」を曖昧に使い続ける限り，震災の教訓は整理されず，再び「想定外」を繰りかえすことになる。そして「想定外」こそが，レジリエンスを低下させる最大の原因になりかねない。

引用文献

活断層研究会（1981）『日本の活断層―分布図と資料』東京大学出版会

島崎邦彦（2019-2020）「葬られた津波対策をたどって― 3・11大津波と長期評価」（「科学」連載）岩波書店　https://www.iwanami.co.jp/kagaku/tsunamitaisaku.html

島崎邦彦（2023）『3.11大津波の対策を邪魔した男たち』青志社

鈴木康弘（2001）『活断層大地震に備える』ちくま新書

鈴木康弘（2012）東日本大震災における「想定外」問題について　日本科学者会議編『地震と津波―メカニズムと備え』本の泉社，95-112

鈴木康弘・竹内裕希子・奈良由美子（2022）『熊本地震の真実―語られない「8つの誤解」』明石書店

竹内裕希子（2022）益城町の住民アンケートはどのように行われ，何がわかったか　鈴木康弘他編著『熊本地震の真実―語られない「8つの誤解」』明石書店，114-117

多田文男（1927）活断層の二種類．地理学評論，3，980-983

Huzita K.（1967）Quaternary crustal movements in the "Kinki Triangle" Southwest Japan. *Journal of geosciences*, Osaka City University, 10, 21-23

平田直・木村玲欧（2017）災害軽減のために余震予測はなぜ必要か？日本地球惑星科学連合ポスター発表

Matsuda T.（1981）Active Faults and Damaging Earthquakes in Japan-Macroseismic Zoning and Precaution Fault Zones, in *Earthquake Prediction* (eds D.W. Simpson and P.G. Richards), American Geophysical Union.

室崎益輝（1998）阪神・淡路大震災から何を学ぶのか　室崎益輝・藤田和夫他著（「科学」編集部編）『大震災以後』岩波書店，74-85

参考文献

鈴木康弘（2013）『原発と活断層―想定外は許されない―』岩波科学ライブラリー　岩波書店

鈴木康弘（2022）「想定外」の落とし穴―レジリエンスを損ねるもの―　稲村哲也他編『レジリエンス人類史』京都大学学術出版会，376-388

添田孝史（2014）『原発と大津波―警告を葬った人々』岩波新書

8 「想定外」を避けるためのハザードマップ

鈴木 康弘

《目標＆ポイント》 本章では，災害を事前に「想定」して備えるための基礎情報であるハザードマップの意義と活用方法について考える。最近では防災の呼びかけの際にハザードマップという言葉がよく使われる。どこで何が起きるかを事前に示した地図として重要であるが，万能ではない。ハザードマップの元祖は60年以上前に遡るとされるが，一般的に受け容れられ，防災政策の基本に据えられたのはごく最近のことである。急速な整備が進んだ背景に何があったかを確認しつつ，現状の課題を整理する。
《キーワード》 予測，想定，ハザードマップ，避難，レジリエンス

1．ハザードマップとは

近年，「ハザードマップ」はよく聞かれる一般的な用語になった。地方自治体は地域ごとの洪水ハザードマップを印刷して全戸配布する。その地図を開いてみると，洪水の危険性に応じて色分けされ，避難場所と避難所，災害時にとるべき行動，防災機関の連絡先などが記載されている。そのため「防災地図」のイメージが強い。

しかし歴史的に「ハザードマップ」はより広い概念であり，「自然災害の危険性に関連する種々の分布情報を，災害軽減を図るために紙や電子画面などに標記したもの」(鈴木，2015）と定義される場合もある。大きく分けて，「防災地図」と「災害予測地図」との２つの側面があり，さらに**図８－１**のように，①災害の発生に関わる土地の性質を示した地

図，②災害の発生しやすさを判定して示した地図，③一定の想定に基づいて災害を予測した地図，④災害時の避難・復旧などを支援する情報を示した地図，に分けることができる。

なぜさまざまなハザードマップが必要なのだろうか？　それは災害予測を完璧に行うことは不可能だからである。上記の③と④は一定の「想定」（人為的判断）に基づく。洪水でいえば，降水量や堤防の溢水や決壊が「もしここで起きたら」と想定し，その際の浸水範囲を計算して「予測」する。そしてその場合の避難のあり方を検討して④が作られる。その結果，わかりやすい地図ができるが，災害は「想定」どおり起こるとは限らない。そのため，①や②で補う必要がある。

①や②は「想定」によらない。土地固有の災害に対する脆弱性を表現したものであるため，「想定外」に備えることに役立つ。①の例としては，土地条件図や地質図がある。これは地形を沖積低地・台地・丘陵などに分類したり，地質を沖積層・洪積層・第三紀層・古生層などに分けたりしたものである。土地の成り立ちを，形態あるいは地層の年代によって区分している。沖積層は最も新しい完新世（沖積世とも呼ばれる過去１万年間）に堆積した地層であり，その存在は，比較的最近，その場所で土砂堆積が繰りかえされたことを示す。そのため，他地域よりも災害につながりやすい。②の例としては，水害地形分類図，地すべり・斜面崩壊分布図，活断層分布図，火山地形分類図などがある（**コラム１，２**参照）。

①　災害の発生に関わる土地の性質を示した地図
②　災害の発生しやすさを判定して示した地図
③　一定の想定に基づいて災害を予測した地図
④　災害時の避難・復旧などを支援する情報を示した地図
（＝狭義のハザードマップ）

図８－１　ハザードマップの種類（熊木，2012，鈴木，2015を簡略化）

2. ハザードマップの歴史的経緯

ハザードマップの元祖は，伊勢湾台風直前に作られた「木曽川流域水害地形分類図」(大矢，1956) であるといわれる。この図は前述の区分によれば，②災害の発生しやすさを判定して示した地図，にあたる。木曽川下流域である濃尾平野の地形の成り立ちを検討し，地形分類を行い，地形ごとに災害の発生しやすさを図示した。この地域では完新世に河川氾濫が繰りかえされたことにより，上流側から扇状地，自然堤防，氾濫原，三角州と区分される自然地形が形成されている。さらに海岸寄りには江戸時代以降の干拓による新田開発のため，広大な干拓地が人工地形として拡がっている。

重要なことは，こうした地形ごとに水害の様相が異なることである(海津，2019)。扇状地では流速が大きいが，下流では徐々に流速が小さくなる。一方，自然堤防は過去の洪水の際に礫や砂がたまってできた地形であり，その背後の氾濫原は浸水しやすい。三角州は海域に細粒の土砂が流れ出して平坦な地形として形成されたものである。さらに干拓地は，堤防で遠浅な海を囲い，その中の水をくみ上げて作られたため，標高はゼロメートル以下である。もしも海面が上昇して堤防が決壊されれば，海に戻りかねない。

この地図ができて3年後の1959年，この地域に伊勢湾台風が来襲し，海面が2mも高まることで高潮災害が起きた。海水に浸かった範囲は，干拓地と三角州の地域と合致した。そのため地震後，「地図は悪夢を知っていた」と報道された (**図8-2**，中部日本新聞)。この記事には「仏 (科学) つくって魂 (政治) 入れず」という見出しもあり，水害地形分類図の警告が政策につながらなかったことを批判している。

その後，このような地図作成は，国土地理院の「土地条件図」や経済

地図は悪夢を知っていた

〝災害ニッポン〟後手集

雨に泣き風に泣く国

仏(科学)作って魂(政治)入れず

ピッタリ一致した災害予測

家がやられるまでは

図8-2　伊勢湾台風直後の新聞記事（中部日本新聞，1959年10月11日）

企画庁・国土庁（当時）の「土地分類調査」に引き継がれ，大矢氏による独自の水害地形分類図も複数作り続けられた。また，1970年代から建設省（当時）が「治水地形分類図」を作り始め，現在も国土交通省により改訂が行われている（久保，2015）。

しかし，こうしたハザードマップは，災害を考慮した土地利用規制や災害対策などに使われることはなかった。むしろ高度経済成長期以降においては，堤防などの水防施設の整備が進む中で，災害は一般市民の関心事ではなくなり，多くの人が土地の脆弱性を知らないままに「安全神話」の中で暮らすようになった（堤防は想定を超えれば溢水するように設計されていることすら，知らされることはほとんどなかった）。近年，再び水害が激化する時代を迎え，そのことが被害を大きくしている。ハザードマップへの関心度は，災害レジリエンスのバロメータともいえよう。

3．ハザードマップの整備が進んだ背景

洪水だけでなく，地震，火山，津波，土砂災害，液状化災害などのハザードマップが2000年頃から一斉に作られ始めた。最初の10年間（2000年代）は作成方法を含め，行政機関による試行錯誤的整備が進み，ハザードマップ整備の第一期といえよう。

この時期には洪水ハザードの着色方法（色づかい）についても議論が繰り返され，度々変更された。堤防決壊などによる外水氾濫のみでなく，排水不良による内水氾濫の深刻さが2000年９月の東海豪雨で露呈し，内水氾濫を想定したハザードマップも作られるようになった。また，風評被害を生むとして避けられる傾向にあった火山噴火ハザードマップが，観光客誘致のためにもむしろ必要なものとして認識されるようになり，当初はさまざまな批判もあった国土地理院の活断層図づくりも定着し，

継続された（**コラム1**参照）。

一方，2010年代の第二期は，ハザードマップの検証期と捉えられる。代表的な出来事は2011年東日本大震災の際の津波である。ハザードマップに示された予測が一部地域で過小評価だったことから，「ハザードマップを信じるな」ともいわれた（片田，2012）。ハザードマップの有効性が疑われ，功よりも罪が大きいことに注目が集まったが，その言葉の真意は，ハザードマップは災害を事前にイメージする唯一の教材のため重要であるが，「想定」という人間の判断が入るため常に正しいというわけではなく，とくに「津波はここまでしか来ない」といった読み取り方は間違っているということだった。そのため，ハザードマップを防災教育でどう扱うかが重要になった。決して唯一の正解として扱わず，地域の地形や，まちの形態など地理的状況を踏まえ，災害への備えを柔軟に考えさせなければならない（鈴木編，2015）。

この他2010年代には，2011年新潟・福島豪雨（死者6名），台風12号豪雨（死者・行方不明者98名），2012年九州北部豪雨（死者・行方不明者33名），2014年8月豪雨・広島土砂災害（死者77名），2015年関東・東北豪雨（死者14名），2017年九州北部豪雨（死者・行方不明者42名），2018年西日本豪雨（死者・行方不明者232名）が相次いだ。また，2011年東日本大震災の他，2011年福島県浜通り地震（死者4名），2014年長野県神城断層地震（死者0名），2016年熊本地震（死者273名），2018年大阪北部地震（死者6名），2018年北海道胆振東部地震（死者43名），2019年台風19号災害（死者・行方不明者99名）も起きた。

こうした災害から，①洪水についてはハザードマップが示したものとほぼ同様の範囲が浸水したこと，②土砂災害においては，災害発生場所は地形と対応するためハザードマップが重要であること（**コラム2**参照），その一方で，③ハザードマップ作成や特別警戒地域の指定が遅れがちであること，④深刻な災害になればなるほどハザードマップの予測に近くなること，などがわかった。一方，地震においては，熊本地震以外はその規模は予測通りではなかったが，予測よりひとまわり小さな地震でも多大な被害が生じることがわかった。そしてハザードマップの位置づけと重要性が認識された。

2020年代以降は2010年代の災害時の反省から，ハザードマップを政策的に活用する時代に入った。これについては５．で後述する。

4．2018年西日本豪雨と2016年熊本地震の教訓

（１）西日本豪雨災害が提起した課題

2018年西日本豪雨（平成30年７月豪雨）による災害は，死者・行方不明者が232名にのぼった。水害で200名以上が亡くなるのは1982年の長崎水害以来のことであり，「平成最悪の水害」とも評された。西日本を中心に多くの河川が氾濫し，土砂災害も起き，また全国的に上水道や通信といったライフラインにも影響が及んだ。

中でも倉敷市真備町では小田川と支流の高馬川などの堤防が決壊し，広範囲が浸水し，真備町だけで51名が死亡した。死者の約８割が70歳以上であり，浸水は真備町の４分の１にあたる12平方キロにおよび，そのうち数平方キロの範囲で浸水深は最大５ｍに達したとされる。多くの死者が出た背景には，大雨と洪水の発生時刻に開きがあったことや，かねてから水害常襲地帯だったにもかかわらず，岡山市近郊のベッドタウンとして開発が進み，水害リスクを十分認知しない住民が増えたこと，かつては水防組織があったが今では共助の活動が衰退したことなど，さまざまな事情があることもわかった。

同様の課題をかかえる地域は日本全国にあることから，改めてハザー

ドマップに注目が集まった。国交省は，ハザードマップに事前に記された洪水浸水想定区域と実際の浸水範囲がほぼ一致したにもかかわらず，多くの犠牲者が出たことを重く受け止めた（https://www.mlit.go.jp/river/shinngikai_blog/hazard_risk/dai01kai/dai01kai_siryou2-1.pdf）。これがその後（第三期）のハザーマップの政策活用につながった。

氾濫 想定していたが

時時刻刻

倉敷・真備

住宅地が大規模に冠水した岡山県倉敷市真備町は、過去にも同じ河川が繰り返し氾濫していた。危険を知らせる洪水ハザードマップは、今回とほぼ同じ浸水域を想定しており、河川改修も計画していた。予測していた災害で、なぜ30人近い犠牲者を出したのか。

▼1面参照

浸水 ハザードマップ通り

水流れにくい河川 改修計画中の災害

「一挙に水が出た。急激な水位上昇があった」

8日夜、倉敷市防災危機管理室の河野裕・危機管理監は、想像以上の速度で河川の水位が上がっていった状況を記者団に語った。

真備町は1級河川の高梁川へと注ぐ支流の小田川流域にある。住宅地や田んぼが広がるが、堤防の決壊で地区の約4分の1にあたる1200㌶が浸水した。倉敷市はほぼ半数の住家が床上浸水したとみている。

倉敷市は6日午前11時30分、真備町を含む市内全域の山沿いを対象に「避難準備・高齢者等避難開始」を発令。午後10時には真備町全域に「避難勧告」を発令した。地域防災計画では、小田川の氾濫危険水位に達することなどが発令基準になっているが、見回りに出ていた市職員や消防団の情報から、早めに発令することにした。すぐにエリアメールや防災無線などで住民に情報を伝えた。

しかし、その後も水位の上昇が続き、7日午前0時47分には国土交通省が小田川右岸で水流が堤防を越えたとの緊急速報を出した。倉敷市では、その約40分後までに真備町全域に避難指示を出した。国交省が堤防の「決壊」を把握したのはその約4分後だった。

真備町は地区の東側を高梁川、南側を小田川に囲まれている。岡山大の前野詩朗教授（河川工学）によると、今回の決壊は、高梁川と小田川の合流地点付近が湾曲して水が流れにくくなっているため、上流側の水位が上昇する「バックウォーター現象」が起きたことが原因とみられる。流れなくなった水は勾配が緩やかな小田川の方にたまりやすく、決壊したという見方だ。

国交省の資料によると、二つの河川の合流地点付近では1972年や76年にも大規模浸水が発生。国交省は湾曲部分よりも下流側に合流地点を付け替えて水を流れやすくする工事を計画し、今秋には工事用道路の建設を始める予定だった。

一方、倉敷市は洪水時の地区ごとの浸水域を色分けして示したハザードマップを作成していた。今回の水害後、国交省がドローンを飛ばして上空から確認すると、地区内の浸水被害は想定とほぼ重なっていた。倉敷市は全戸にハザードマップを配っていたが、住民の男性(48)は「そんなものがあったとは、知らなかった」と言う。

想定されていたはずの災害。倉敷市の担当者は9日夜、原因について問われると、「その質問に答えるにはまだ早すぎる」と語った。

倉敷市真備町の浸水と倉敷市などの対応

7月5日 午後11時
倉敷市が災害対策本部を設置

6日 午前11時30分
市が市内全域の山沿いに避難準備・高齢者等避難開始を発令

午後7時30分
市が市内全域の山沿いに避難勧告

午後10時
真備町全域に避難勧告

午後10時40分
市に大雨特別警報

午後11時45分
小田川南側の真備町に避難指示(緊急)

7日 午前0時47分
国交省が真備町の小田川右岸で「河川の水が堤防を越えて流れている」と緊急速報のメール

午前1時30分
小田川北側の真備町に避難指示(緊急)

午前1時34分
国交省が真備町の高馬川で堤防の決壊を把握

午前6時52分
国交省が小田川で堤防の決壊確認

午後0時30分
国交省が小田川で2カ所目の堤防の決壊確認

河川の付け替え工事の予定と被害状況

■大雨特別警報が出た11府県内のおもな3日間雨量

岐阜	関市	742㍉
京都	京都市	466㍉
兵庫	篠山市	506.5㍉
鳥取	智頭町	477.5㍉
岡山	倉敷市	266㍉
広島	広島市	444㍉
愛媛	西予市	523.5㍉
高知	香美市	985.5㍉
福岡	福岡市	597㍉
佐賀	伊万里市	531.5㍉
長崎	長崎市	375.5㍉

7月3日～8日に連続的に降った72時間の雨量 気象庁のデータから

マップ 1300市町村公開

浸水が想定される区域や避難場所などを住民に伝える洪水ハザードマップは、市町村が作成する。

けると想定している。

15年の関東・東北豪雨では、茨城県常総市を流れる鬼怒川の堤防が決壊した際に、多数の住民が自宅に取り残され、ハザードマップが避難行動に結びつかない実態が明らかになった。国交省は16年に手引を改め、「早期の立ち退き避難が必要な区域」も設定することを盛りこんだ。

ただ、作成が義務づけられているのは一定規模以上の河川が対象で、中小河川では浸水想定区域図がなく、危険性が示されていない場合がある。昨年7月の九州北部豪雨では、浸水想定区域として示されていなかった筑後川の支流があふれて多くの犠牲者が出た。

図8－3 西日本豪雨災害の検証記事（朝日新聞，2018年7月10日）

（2）熊本地震が提起した課題

2016年熊本地震は，まず4月14日にM6.5の前震が起きた後，4月16日未明にM7.3の本震が起き，災害関連死を含め276名（2023年4月時点）が亡くなった。余震はその後も長期間にわたって続き，とくに益城町，西原村，南阿蘇村などでは多くの建物が倒壊し，広範囲で土砂災害も多発した。その後も長期間，復旧・復興活動が続けられた。

前章でも紹介したように，住民の多くは活断層の存在を知っていた。また熊本市は地震ハザードマップに，活断層の地震を想定した震度分布を示していた。しかし，熊本地震災害の最大の特徴であった，益城町・西原村・南阿蘇村における局所的で甚大な被害は「想定」されていなかった。

断層の近傍で激しい被害が生じた。その原因となった強い揺れの発生メカニズムは十分解明されておらず，予測手法も確立されていない（藤原，2022）。活断層による甚大な被害を軽減するためには，震度7の発生場所を予測してハザードマップに示し，何らかの対策を採る必要があるが，次に述べる政策的活用においてもこの問題は未だに採りあげられていない（鈴木他，2022）。

5．ハザードマップへの期待と課題

（1）政策的活用の課題

2020年以降は先述のとおり，ハザードマップの政策的活用の時代（第三期）に入った。内閣府は2020年に水害・土砂災害からの避難の在り方を見直し，これまでは災害リスクが高まると「全員避難」という指示をしてきたが，その後は，各自が避難行動の要否を判断する際にハザードマップを活用することを求めるようになった。また国会は同年，都市再生特別措置法などを改正し，危険性の高い場所の開発を抑制することを決めた。国交省は不動産取引の際，重要事項説明として洪水ハザードマップ情報の提示を義務付けた。

このように，ハザードマップをベースとした防災政策が強化されつつあるが，現状のハザードマップには依然として問題が残っていることは要注意である。例えば，①ハザードマップ未整備の空白地帯も多く，②河川単位で別々のマップが作られるため，ある川を対象とした図では着色がない範囲が，隣の川を対象とした図では着色されている場合もある。③また一定の「想定」に基づいているため，「想定」を超えると災害が拡大することもあるが，その適切な注意喚起がない。④災害種ごとに作成されるため，総合的理解が難しい，⑤正方形のメッシュ単位でハザードが示されているため現実の地形と合わない，⑥多くのケースが想定されている場合には判断に迷うため緊急時の利用が難しい，などの問題もある。こうした問題があることを前提とした政策的活用が望まれる。

（2）滋賀県の「流域治水」から学ぶ

洪水に対するレジリエンスを考えたとき，堤防やダムだけに頼るのではなく，洪水が起きた際に避難をするというだけでもない，もっと総合的な対応が重要であろう。それをいち早く政策に取り入れたのが滋賀県の流域治水政策である。2012年に基本方針を示し，流域治水の概念と対策を明確にした。ここでいう流域治水とは，流域全体で全ての関係者の協働により洪水の被害軽減に取り組むことである。そしてその目標は，「どのような洪水にあっても，①人命が失われることを避け（最優先），②生活再建が困難となる被害を避ける」とされ，また対策は，1）洪水を安全に「ながす」，2）流域で雨水を「ためる」，3）はん濫を一定の地域に「とどめる」，4）水害に「そなえる」，の4つに整理された。1）は河川・水路の維持管理など「川の中の対策」，2）〜4）は「川の外の対策」とも言い換えることができ，後者を積極的に進めることが目指された。

これを進めるにあたり，滋賀県は「滋賀県防災情報マップ」を整備し，そこに「地先の安全度マップ」と呼ぶ詳細なハザードマップを示した。通常のハザードマップと異なり，確率論に基づくさまざまな地図がインターネット上に示される。そして，頻繁に洪水に見舞われる可能性の高い（10年に一度，0.5メートル以上浸水する）地域は市街化地域に指定しないことを決めた。また，まれではあるが生命に危険が及ぶ（200年に一度，3メートル以上浸水する）可能性が高い地域は「浸水警戒区域」に指定し，住宅建設の際に嵩上げを義務づけた。なお，指定前には，関係市町の長および滋賀県流域治水推進審議会の意見を聴くことを義務づけ，住民が主体的に防災力向上を考えるきっかけを与えた。嵩(かさ)上げ工事に対する補助金制度も用意した。ハザードマップ（安全度マップ）は10年に一度改訂され，避難を促すことだけでなく安全なまちに作り変えることに役立てる，と位置づけている点は注目に値する。

2021年には国もこれにならい，流域治水関連法案を決定した。

（3）ハザードマップを活かすために

ハザードマップは災害レジリエンスの基本として重要であり，また政策的にも期待が集まっているが，先に述べたとおり現状では問題が大きい。また，ハザードマップを作成する市町村が，その内容を住民に対して説明しづらい状況もある。それは，例えば洪水ハザードマップが作成される際には，国または県がコンピュータシミュレーションに基づく浸水想定区域を決めた上で，市町村は，避難所などの防災情報のみを重ね

図 8－4　インターネット（地理院地図）で見る「治水地形分類図」の一例
（鈴木，2022）

ていることに起因する。これでは予測の前提条件や精度の詳細がわからないままハザードマップを作ることになり，専門職員を配置しない限り，予測そのものの当否や不確実性を住民から質問されても回答することが難しい。

こうした状況を補うためには，行政にも市民にも，地理的特徴から災害を具体的にイメージできるようにするための防災教育が求められる。第一は，地形分類図の活用法を学ぶことである。治水地形分類図はインターネットで確認することができる。日本地理学会災害対応委員会はホームページ上で地形分類図の活用方法を解説し，「『氾濫平野』の範囲は基本的に水害リスクがある」という認識を持つべきであるとしている（https://ajg-disaster.blogspot.com/2020/09/LCMap.html）。

治水地形分類図の一例を**図8-4**に示す。水害の危険性は台地より沖積低地において高く，そのうちでも，自然堤防，氾濫平野，旧河道（かつての流路）の順に危険性が高まる。2022年から高等学校で必修になった「地理総合」においては，防災教育が柱のひとつであり，インターネットを活用したハザードマップ教育の充実が望まれる（鈴木，2022）。

6．まとめ

本章では，レジリエンスにとって重要な「想定力」を高めるため，ハザードマップが重要であることを述べた。今ではその重要性を誰もが認めるところであるが，ハザードマップの元祖と呼ばれる木曽川流域水害地形分類図ができてから，ハザードマップが防災政策の根幹に位置づけられるようになるまでに半世紀以上を要した。

東日本大震災において，一時「ハザードマップを信じるな」といわれたのはなぜだったかを理解することも重要である。なぜなら今後も同様の捉え方がなされる可能性があり，せっかく進んできたレジリエンスを高める取り組みが中断する可能性も否定できないからである。ハザードマップが被害軽減のために有効に使われ続けるために，今後どのような改良が施されるべきか，具体的にどのように活用すべきか，過去の経緯を念頭に考え続ける必要があろう。

引用文献

藤原広行（2022）地震動予測地図はどのように作られているか　鈴木康弘他編著『熊本地震の真実―語られない「８つの誤解」』風媒社，95-101

海津正倫（2019）『沖積低地：土地条件と自然災害リスク』古今書院

大矢雅彦（1956）木曽川流域濃尾平野水害地形分類図　総理府資源調査会

片田敏孝（2012）『人が死なない防災』集英社新書

久保純子（2015）水害とハザードマップ―身近な地形からイメージする　鈴木康弘編『防災・減災につなげるハザードマップの活かし方』岩波書店　72-91

熊木洋太（2012）ハザードマップとは　地図情報，32(2)，2-4

鈴木康弘編（2015）『防災・減災につなげるハザードマップの活かし方』岩波書店

鈴木康弘（2022）レジリエンスから考える防災　竹中克行編：『人文地理学のパースペクティブ』ミネルヴァ書房

鈴木康弘・竹内裕希子・奈良由美子編著（2022）『熊本地震の真実―語られない「8つの誤解」』風媒社

参考文献

宇根寛（2021）『地図づくりの現在形　地球を測り，図を描く』講談社選書メチエ

大矢雅彦・海津正倫・平井幸弘・丸山裕一・春山成子（2002）『地形分類図の読み方・作り方』古今書院

嘉田由紀子（2021）『流域治水がひらく川と人との関係―2020年球磨川水害に学ぶ』農山漁村文化協会

鈴木康弘（2023）災害に備えるためのハザードマップには何が求められるのだろうか　湖中真哉他編『フィールドから地球を学ぶ―地理授業のための60のエピソード―』古今書院，100-101

コラム1

国土地理院「活断層図」の作成

鈴木　康弘（名古屋大学教授）

1995年阪神淡路大震災の際，直下地震を起こす活断層の存在が周知できていなかったことを受けて，建設省（現在の国土交通省）国土地理院は縮尺２万５千分の１の活断層図（当初は「都市圏活断層図」）の作成を開始した。大学の変動地形学研究者からなる作成検討委員会（活断層情報整備検討委員会）を設置して作業を進めた。この事業は今日まで続けられている（**図８－５**）。

図８－５　国土地理院の活断層図作成風景　（国土地理院提供）

縮尺２万５千分の１の地形図は**図８－６**のように，鉄道，道路，建物などが確認できる程度に詳細なものであるため，活断層がどこで鉄道や道路を横切るか，市街地のどのあたりを通るかもわかる。そのため断層線を地図に描く際にはミリ単位の細かさで地図上の位置を確かめる。

活断層の存在と位置は，地形的証拠から判断される。渡辺・鈴木（1999）が解説するように，断層の過去の活動は地形のずれとして残りやすい。通常の河川や海による浸食・堆積作用ではつくりえない崖や膨らみや傾斜など，特徴的な地形を探す作業である。そのような地形が明瞭に残っていれば活断層の位置を特定できるが，浸食で削られていたり堆積で埋もれてしまうこともある。前者の場合には赤実線，後者の場合には赤破線や赤点線で示して区別する。浸食作用によって生じた崖の可能性も否定できない場合には，「推定断層」として黒線で表記している。

活断層がつくる地形とそうでない地形はどのように区別されるか？　活断層を認定する際には，地形の成因が考察される。「断層線（地図上に示される断層）は直線的」との誤解が一部にあるが，曲線であることも多く，またそもそも一線で表現しづらいこともある。広範囲に見たときに隆起地域と沈降地域が明瞭に分かれる場合には，その境界に（たとえ崖などの地形がなくても）活断層を認定しなければならないこともある。

こうした認定作業においては，広範囲の地形の成り立ちを調べる必要があるため，航空写真や衛星写真を立体的に（３D）観察する手法が採られる。最近はさまざまな地表計測により作成される細密な（例えば50cm 間隔）メッシュの標高データなどを加工して，３D 観察を行うことも一般的になっている。

地形の特徴から活断層認定を行った後，断層の活動時期を知るための地質学的な掘削調査や，地下深部の傾きを明らかにするための地下探査などが行われる。国土地理院の活断層図にはこうした調査の情報も考慮されているが，正確な存否と断層位置を確定するための調査はまだまだ不足している。

国土地理院の活断層図は，当初は紙焼きの地図として販売されるだけだったが，最近はインターネット上で誰でも無料で閲覧できるようになっている。また，三重県・岐阜県・愛知県など，県内全域の活断層地図を大学の研究者と共同で自ら作成して公開している県もある。身近な地域の活断層を具体的に確認することは，地震防災の第一歩である。

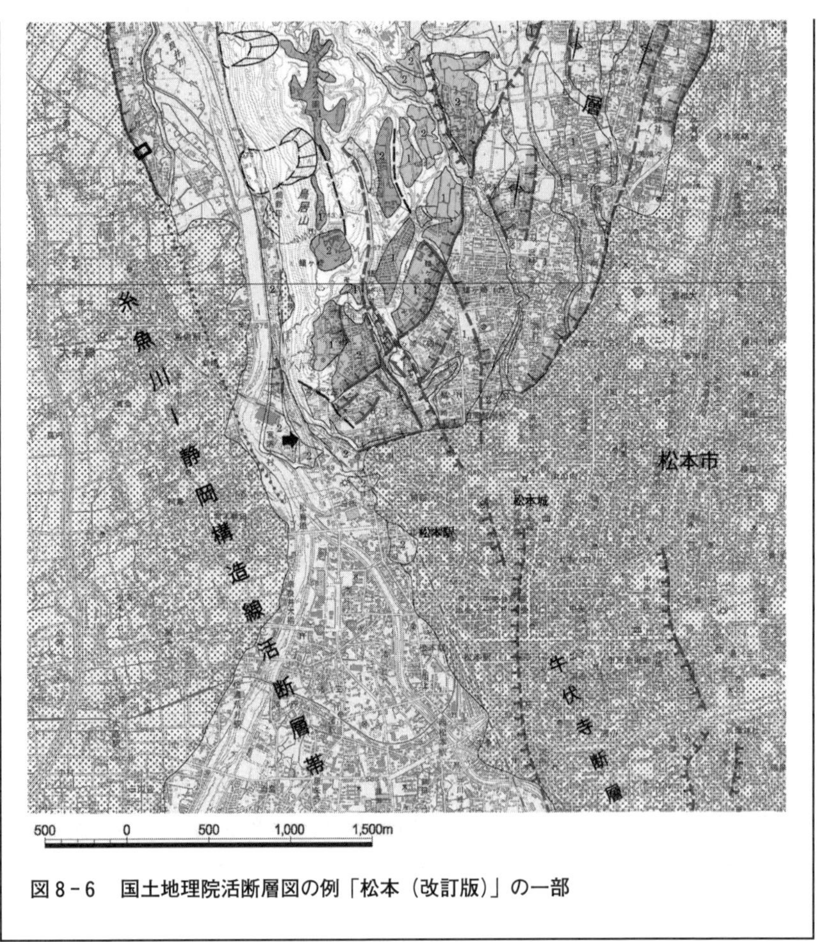

図 8 - 6　国土地理院活断層図の例「松本（改訂版）」の一部

引用文献

渡辺満久・鈴木康弘（1999）『活断層地形判読―空中写真による活断層の認定』古今書院

コラム２

「地図の力」と災害伝承

後藤 秀昭（広島大学大学院人間社会科学研究科）

１．災害伝承の難しさ

自然災害の発生は稀な現象で，災害が多発する現代社会でも直接被災する人は限られている。また，同じ場所で発生する災害の間隔は，数世代よりも長いものが多く，被災した経験を後世に正しく伝えることは容易ではない。昨今，防災教育の普及と強化が叫ばれるのは，このような災害発生間隔の長さと，経験伝達の難しさが最も重要な背景のひとつと考えられる。災害経験を防災教育に活かす上では，これまでの災害の状況が具体的にわかるように記録を残すことが重要である。その際，地図は重要な役割を担うものと考える。

２．地図の持つ力

地図は，上空から俯瞰するように地域を把握できる資料であり，地表から周りを見渡しているのとは異なる視点を提供する。災害発生直後にはヘリコプターなどを使って上空から状況把握が試みられるが，それよりも広い空間スケールで事態を捉えられる力を持っている。

例えば，平成30年７月豪雨発生後には，多様な情報をもとに災害の状況を示す地図の作成が進められた（広島大学平成30年７月豪雨災害調査団（地理学グループ），2018）。すなわち，１）崩壊発生地点の分布図，２）斜面崩壊の詳細分布図，３）被災写真地図である。

ひとつ目の崩壊発生地点の分布図では，広島県南部では斜面崩壊が8000箇所以上もあり，広域的な災害が発生したことが示された（**図８-７**）。「線状」降水帯の規模が大きく，斜面崩壊の分布域は幅30kmに及ぶ「帯状」となっていることが見て取れた。この地図は発災直後に公表され，報道などを通して伝えられ，災害の状況把握とともに，二次災害防止や災害復旧に広く使われた。地表から山を見上げていては解らない全体の中での相対的な位置づけがそれぞれの被災地でも解るようになり，厳しい状況の中でも，落ち着いて生活を取り戻そうとする力にもなったものと思われる。

さらに，この地図は山地の傾斜や地質，降雨の状況を示す地図と重ねあわせるなどして，斜面崩壊の発生要因や背景が議論されるのにも使われた（Goto *et al.*, 2019）。宇宙から地表を俯瞰する程度の地域スケールで災害の様子を捉えられるだけでなく，斜面崩壊の発生は極めて強度の高い降雨によって説明されることが示され，地図の持つ力が改めて示されたといえよう。

その後，２つ目の斜面崩壊の詳細分布図では，斜面崩壊の発生域から流下域までの範囲をすべて地図化し，土砂移動現象の全貌を詳細に解き明かした（**図8－8**）。また，規模の地域的な違いやその背景など，斜面崩壊の特性（竹内・後藤, 2019）のみならず，被害建物との関係が議論された（後藤・山中，2019）。さらには，1945年枕崎台風に伴う斜面崩壊の分布と比較して相補的な関係があることが示され，崩壊の繰り返し期間について考察され（岩佐，2020），崩壊履歴は将来予測にも繋がる（八反地，2019）ことが改めて示された。

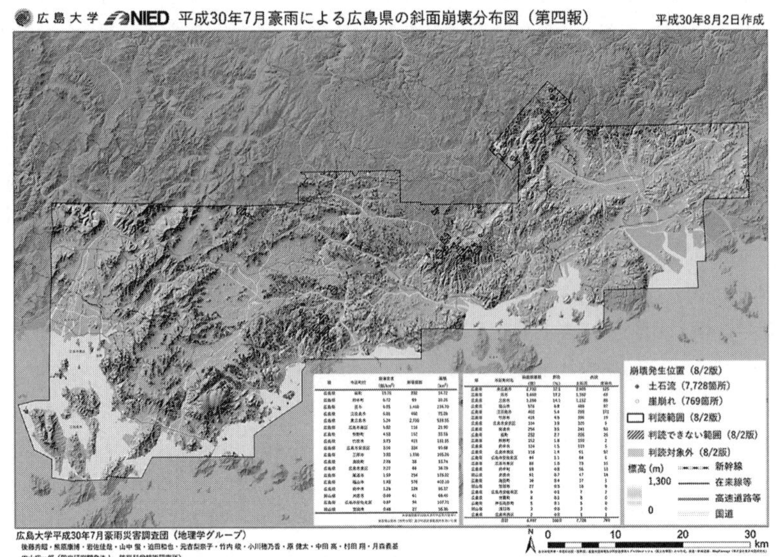

図8－7　広島県南部における2018年西日本豪雨による崩壊発生地点

（広島大学平成30年７月豪雨災害調査団（地理学グループ）（2018）より転載）

３．「古災害」を記録したディザスターマップの作成

上記の斜面崩壊の分布図のように，過去の災害（古災害）をもたらした状況を記した地図に対して，後藤他（2020）はディザスターマップと呼ぶことを提案した。ハザードマップは将来発生しうる災害を予測した内容が記されているが，ディザスターマップは過去の災害（古災害）を記録した地図に対して用いることが意図されている。

ディザスターマップには，発災当時の状況を撮影した写真を掲載した地図（被災写真地図）も含めて考えたい。近年の災害の場合，インターネットやデジタルカメラ，地理情報システム（GIS）などの電子機器やソフトの進化と普及により，災害発生直後の様子は，大量の写真で記録されるようになった。これらを地図と関連づけて，容易に閲覧できる形で保存することは今後の災害防止に向けた重要な取り組みと考えられる。西日本豪雨の経験を伝え，今後の防災教育で活用できるように，崩壊詳細分布とともに被災写真地図を小学校区ごとの切り図（**図８-９**）で整備した（後藤他，2019）。

地域防災活動で取り組むことの多い防災マップづくりでは，最近の災害のみならず，モノクロ写真しか現存しないような古災害でも，撮影場所を探し出す作業が行われることもある。当時の被災写真を地図に貼り付けることを通して，地域の特性や状況の変化を理解することに繋がるとともに，作成された古災害の被災写真地図は，身近な地域の非日常を容易に伝承できるものになり，

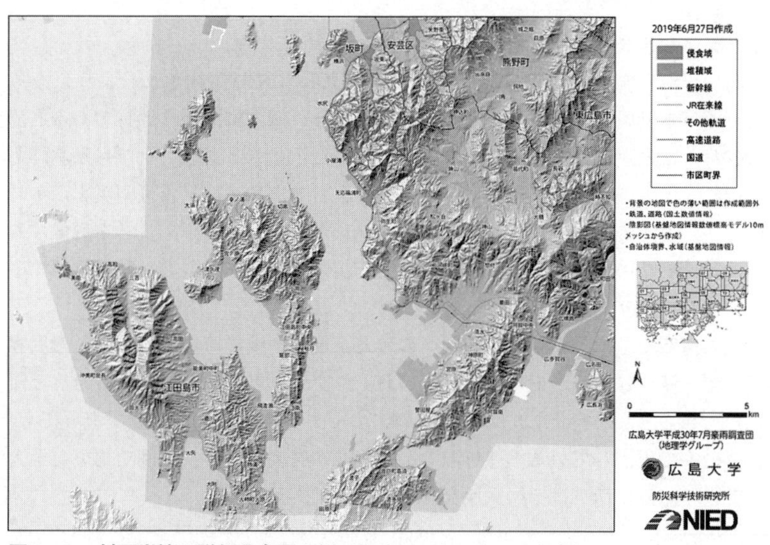

図８-８　斜面崩壊の詳細分布図の例（後藤ほか（2019）より転載）

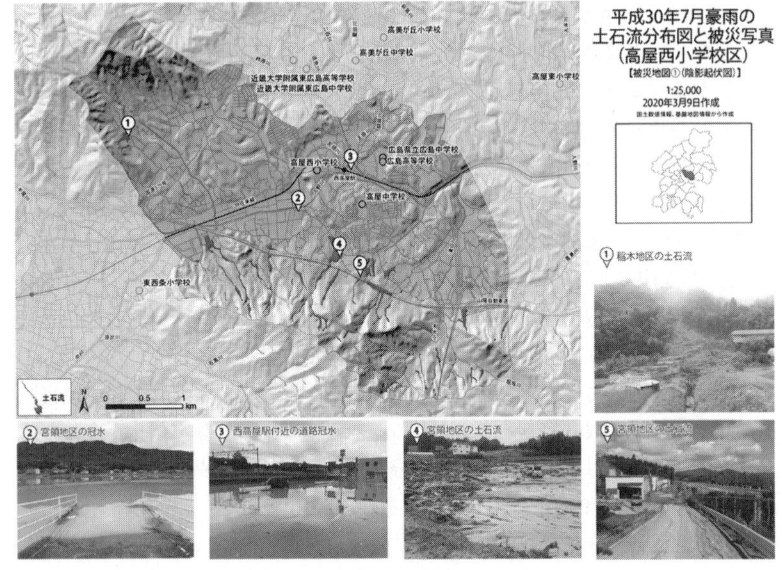

図８－９　小学校区ごとのディザスターマップ
（広島大学防災・減災研究センター web サイト
（https://www.hiroshima-u.ac.jp/hrrc/news/57222）より転載）

写真そのものの価値を大きく高めると思われる。

４．ディザスターマップと災害伝承

2018年から国土地理院の地形図に自然災害伝承碑が掲載されるようになった。西日本豪雨の被災地にも多数の石碑があり，伝承に重要な地物であると認識されたことが関係している。古災害を記したディザスターマップも伝承碑と同様に，災害の様子を伝承していく重要な素材である。西日本豪雨災害から時が経ち，痕跡の多くは消滅し，見慣れた風景から災害という非日常を想像するのは容易でないが，実際に起こった災害を記録した地図は，非常時を想像する重要な手がかりとなる。

気象情報や土木設備など，防災への対応が進み，戦後直後まで多発した災害は大幅に減少し，昨今では災害発生のおそれを感じにくい，いわば「自然と離れた」暮らしが一般化しているともいえよう。都市化された社会であっても，自然の中で生活している実感を取り戻す努力が必要であり，地図を用いた過去の災害の記録や活用はその重要な鍵のひとつであろう。

引用文献

岩佐佳哉（2022）1945（昭和20）年枕崎台風と2018（平成30）年7月豪雨に伴う斜面崩壊の分布からみた斜面崩壊の免疫性　地理学評論，95，123-137

後藤秀昭・熊原康博・竹内峻・山中蛍・村田翔・岩佐佳哉・元吉梨奈子・新殿栞・中田高（2019）平成30年7月豪雨による広島県の斜面崩壊の詳細分布図　広島大学平成30年7月豪雨災害調査団「平成30年7月豪雨災害報告書」69-83, http://doi.org/10.15027/49801

後藤秀昭・竹内峻・山中蛍（2020）斜面崩壊による古災害を記録したディザスターマップの作成―平成30年7月豪雨の広島県南部を対象に―　広島大学総合博物館研究報告，12，109-118

後藤秀昭・山中蛍（2020）平成30年7月豪雨による広島県南部の建物被害と土砂災害の指定区域　地理科学，75，100-108

竹内峻・後藤秀昭（2020）斜面崩壊の微地形とその形成要因―平成30年7月豪雨による広島県南部を事例に―　地理科学，75，90-99

八反地剛（2019）近年多発する表層崩壊―地形学の視点　科学，89，870-872

広島大学平成30年7月豪雨災害調査団（地理学グループ）（2018）平成30年7月豪雨による広島県の斜面崩壊分布図（第四報）　http://www.ajg.or.jp/disaster/files/201807_report 004.pdf

Goto, H., Kumahara, Y., Uchiyama, S., Iwasa, Y., Yamanaka, T., Motoyoshi, R., Takeuchi, S., Murata, S. and Nakata, T. (2019)：Distribution and characteristics of slope movements in the southern part of Hiroshima prefecture caused by the heavy rain in Western Japan in July 2018. *Journal of Disaster Research*, 14, 894-902.doi：10.20965/jdr.2019.p0894

9 経済学から見たレジリエンスの諸相

齊藤　誠

《目標＆ポイント》 本章では，経済学的な観点に立ちながら，自然災害，環境破壊，経済危機，感染症などのショックに対してレジリエントな社会を築いていくために必要となる6つの論点（災害からの回復程度，費用対効果，ハードとソフトの補完性，リスク間のトレードオフ，危機対応の責任，学際的アプローチ）をあげていく。とくに，社会のレジリエンスと経済のレジリエンスの両立に配慮していく。

《キーワード》 経済秩序，費用対効果，ハードウェアとソフトウェア，リスク・トレードオフ，過失責任，学際的アプローチ

1．社会のレジリエンスと経済のレジリエンスの峻別：経済秩序には人為の及ばないレジリエンスが備わっている

心理学におけるレジリエンス（resilience）は，個人が外的なストレスに対して平生（へいぜい）の状態に回復する能力を指している。そうした回復力が個人の側に欠如している場合，その個人はストレスに対して脆弱である（vulnerable）と表現される。このレジリエンスという概念が個人を超えて社会に適用される場合，社会が外的なショック（例えば，自然災害，環境破壊，経済危機，感染症など）に対して平生の状態に回復する能力を指している。ただし，第11章で詳しく見ていくように，経済危機については，それ自体が，かならずしも社会にとって外的なショックとはいえず，かえって外部よりも経済社会の内部からショックが生まれて

くる側面もある。

個人にとってのレジリエンスでは，外的ストレスが個人の内面（心理や精神などの非常に複雑なメカニズム）に及ぼす影響が焦点となる。一方，社会にとってのレジリエンスは，社会と外的ショックの間に介在するさまざまな社会システムの相互作用に大きく左右される。とりわけ，経済学的な観点から社会のレジリエンスを論じる場合，自律的な経済秩序（経済システム）を介することで，社会と外的ショックとの間の関係が非常に複雑になることに焦点が置かれる。

社会と外的ショックの関係を複雑にさせるもっとも重要な側面は，経済秩序じたいにもレジリエンスが備わっていることである。すなわち，経済秩序には，正常な状態（経済学では均衡状態と呼ばれている）に自律的に回復する能力が備わっている。もちろん，場合によっては，経済システムが回復力を失い著しい混乱に陥ることもある。

ここで事態を複雑にさせるのは，人々が求めるレジリエントな社会状態と経済秩序における正常な状態の間に深刻な齟齬が生じる場合である。そのようなケースでは，社会のレジリエンスを向上させていると信じられている営為が，不本意ながら，外的なショックに対して脆弱な社会を生み出しかねないのである。

例えば，いかなる地震に対してもレジリエントな町作りのために，莫大な資金を投じて最先端の建築技術で耐震性のきわめて高い構造物ばかりで町を埋め尽くすとしよう。しかし，そのような頑健な建築の費用負担は，自治体にとっても，企業にとっても，そして，個人にとっても耐えがたいものになるであろう。それにもかかわらず，いかなる地震に対してもレジリエントな町作りを強引に進めれば，非常に高い税負担や家賃支払を嫌った企業や個人は町を出ていき，挙句には自治体が財政破綻に陥るかもしれない。

上の事例では，人々が求めるレジリエントな社会状態が，経済の自律的秩序における正常な状態から大きくかけ離れてしまっていることから生じる不都合な帰結といえる。

これから3回にわたって展開する講義では，人々の求めるレジリエントな社会の状態と経済秩序における正常な状態の間で深刻な齟齬が生じないような工夫を考えていこう。私が担当する初回の第9章は，6つの重要なポイントをあげていく。第10章と第11章では，事例研究を通じて，自然災害に対するレジリエンスと，経済危機に対するレジリエンスについて具体的に考えていきたい。

2. 論点1 レジリエンスにおける回復と創造：元通りに回復するだけがレジリエンスではない

大規模な自然災害に対するレジリエンスのもっとも典型的な事例は，できるだけ災害前の状況を回復させる復興政策であろう。しかし，前節で述べたように湯水のごとくの費用を投じて災害前の状況を回復させることが，かならずしも経済秩序の正常な状態と一致するわけではない。

例えば，過疎化が進行していた町が大規模な地震に見舞われたとしよう。深刻な地震被害のために多くの人々がその地域から転出していくと過疎化がいっそう加速する。そこで，町は，過疎化を食い止めるために復興住宅をいくつも建築する。しかし，せっかく建築した復興住宅は空き家だらけとなっている。

ここで私たちは，地震の発生自体が過疎化の要因ではないことに留意しなければならない。地震発生前にすでにあった過疎化要因は，地震発生後も依然として存在している。地震発生前から数多くの住宅がそもそも空き家となっていたとすれば，新しく建てた復興住宅が空き家だらけになるのも当然であろう。

上の架空の事例では，レジリエンスの一環として展開された震災復興政策が目指す町の姿と，過疎化が進行する町で当然に予想される姿との間で齟齬をきたしている。事実，これまでに日本社会で実施されてきた数多くの震災復興政策はしばしば同様の矛盾を抱えてきた。

本講義では，過去を振り返った被災前の状態を平生の状態とするのではなく，将来世代に配慮して前向きに描いた未来の状態を新たな平生の状態として，そこに向けて回復することを目指す創造的な復興政策を考えてみよう。

3. 論点2　レジリエンスにおける費用対効果：あえてレジリエンスの度合いを適度に抑えてみよう

外的なショックに対する社会のレジリエンスを経済学的に考える場合，レジリエンス向上に関する費用対効果がもっとも重要な論点のひとつとなるのは間違いがない。レジリエンスの向上と正常な経済秩序を両立させる上で，費用対効果を適切に保つことこそが必要不可欠になるからである。

レジリエンスの向上にまったく効果がないことに費用をかけるのは論外であるが，かなりの効果があるけれども費用も相応にかさむ場合には慎重な思案が必要である。例えば，大きな河川の河口地域のレジリエンスを高めようとする場合，常道の河川対策は，上流域に巨大なダムをいくつも建設し水量を調整するとともに，河川の両側に高い堤防を築いていくことであろう。

しかし，この方法は，途轍（とてつ）もない費用がかかる。長期のライフサイクルで鑑みた費用には，ダムや堤防の当初の建築費だけでなく，施設の老朽化や劣化に対する修繕や維持にかかる費用も含めていかなければならない。とりわけダムの場合，継続的に流入してくる土砂の除去には莫大な費用がかかる。

高度経済成長期の日本社会のように莫大な費用を負担できるだけの経済力が文句なく備わっていれば，まさに常道の治山・治水を実践すべきであろう。しかし，安定成長期に入った日本社会にとっては，費用対効果の側面から代替的な方法を検討することが，レジリエンス向上と経済原則の尊重を両立することにつながるのではないであろうか。

例えば，河川両側の地域について建築制限を設けるというのもひとつの有効な方法であろう。さらに踏み込んで，平時においては河川が流れている地域を含めた広域の場所を公園施設や運動施設などとして利用し，万が一の場合はそうした施設地を遊水地として利用する方法もある。

あるいは，無責任に響くかもしれないが，洪水被害を前提に河川地域を積極的に利用するという方法もある。例えば地域住民は河川氾濫などに備えて定期的に避難訓練をしておく。また，居住や事務所の施設も，洪水被害にあってもよいように軽装なものにしておく。「河川地域で活動する人々は即座に移動でき，そこに大切なものは決して置いておかない」という原則で結果的にレジリエンスを高めるわけである。しばしば，河川近くに貴重な物を蓄える倉庫や車庫を設置する事例が見られるが，こうした利用方法は，上の原則に反している。

事実，まだまだ経済力が低かった戦前の日本社会では，乏しい経済力の範囲で適度なレジリエンスを保つような河川地域の利用方法が実践されていた。例えば，明治から昭和初期の熊野川河口の町では，8畳ほどの簡易な建物が立ち並んでいた。つまり洪水で家が流されることを前提として，人々は河川地域で商売を営んでいたのである（**図9－1**）。

このように書いてくると，レジリエンスの度合いを抑える＝「過去に

図9-1　熊野川河口にあった川原家（かわらや）と呼ばれる簡易な建物が新宮市内に移築され，今は飲食店が営まれている。（撮影：齊藤誠）

後退する」という印象を与えかねない。しかし，戦後のたかだか3四半世紀あまりで展開されてきたレジリエンス向上の手法の方が実は例外的なものであったのかもしれない。将来に向かって外的なショックに対してレジリエントな社会を築いていくには，あえてレジリエンスを適度に抑えるということも，成熟社会の知恵とはいえないであろうか。

4. 論点3　レジリエンスにおけるハードウェアとソフトウェア：完璧なハードなどどこにもないのだから

レジリエンスの向上にあたってハードウェアによる対応（設備や構造物などを前もって充実することによる物理的な対応，以下，単にハードという）か，ソフトウェアによる対応（手順や手続きなどをあらかじめ定めることによる人為的な対応，以下，単にソフトという）かの選択は，経済学的に考えても非常に悩ましい問題である。模範的な解答としては，ハードとソフトは補完し合っているから，どちらも大切であるというものであろう。より現実的な解答としては，資金があればハードで，なければソフトでということになるのであろうか。

しかし，こうした常識的な解答には，いくつか疑問点がないわけではない。第1に，それでは，金をかけてハードを充実させれば，本当にレジリエンスは高まるのか。第2に，ソフトな対応は，本当に安上がりなのか。第3に，ハードとソフトは本当に補完的なのだろうか。一方が他方の邪魔になることはないのであろうか。

2011年3月11日に岩手，宮城，福島などの東北地方の太平洋沿岸を襲った大津波は，レジリエンス向上におけるハードとソフトの関係を見直すきっかけになった。この論点に関わって宮古市田老地区（岩手県）の巨大防潮堤の事例が繰り返し引き合いに出されてきた。

田老地区には，巨額の予算が投じられて築かれた巨大な防潮堤があった。この防潮堤は，1978年に完成し，高さ約10メートル，全長約2.4キロのX字形をし，当時は「万里の長城」と呼ばれていた。東日本大震災の大津波は，この巨大防潮堤さえも一部を決壊させた。田老地区では，大津波による被災で181人の犠牲者が出た。要するに莫大なカネをかけたハードであっても，完璧ではなかった。

それでは，田老地区の人々は，ソフトでの対応を怠っていたかというと，決してそうではなかった。町は年1回の避難訓練にも力を入れてきた。大津波が夜間に襲ってきた場合を想定した訓練も行われてきた。それでも，大津波が田老地区を襲う前，高台に避難しなかった人も少なくなかった。避難をしなかった人や避難が遅れた人で幸いにも生き残った人たちは，「防潮堤があるから大丈夫だと考えていた」という趣旨の証言をしている。この場合，重厚なハードによる対応（巨大防潮堤）が機動的なソフトによる対応（避難行動）の邪魔をしたことになる。

田老地区のような事例に接すると，「避難さえしておけば……」，「避難訓練をもっと徹底しておけば……」という形で反省がまとめられる。そうした反省には，避難という行動は，そもそも容易な行為であるというニュアンスがある。あるいは，避難訓練であれば，あまり金がかからないという含みもあるのかもしれない。

しかし，レジリエンスの向上におけるソフト面の対応が，本当に簡単で安上がりなのであろうか。過去に大津波に襲われた経験のある地域では，世代を超えて人々が当時の経験を語り継ぎ，万が一の場合に避難することが徹底されてきた。

田老地区も，1896年の明治三陸地震津波や1933年の昭和三陸地震津波で尊い命が失われた経験を踏まえて，日ごろから避難の徹底が心がけられてきた。そうした地域であっても，人々が巨大防潮堤に頼ってしまい，避難意識が低下してしまったということは，逆にいうと，共同体の人々の間で高い避難意識を持続させることが，いかに困難なことであるのかを物語っている。確かに，ソフト面での対応では経済的なコストはかからないのかもしれないが，非経済的な面でたゆまない努力が必要になってくる。

2018年 7 月に深刻な水害に見舞われた倉敷市真備町（岡山県）も，高梁（たかはし）川と小田川にはさまれた地域は古くから何度も水害が繰り返されてきた。江戸時代は，木曽川流域と同様に輪中堤（つつみ）に囲まれた地域でもあった。したがって，水害経験は世代を超えて語り継がれ，今般の水害でも古くから住んでいた人々は素早く避難をした。しかし，倉敷市のベッドタウンとして新しく住み始めた人々には，そうした災害経験の共有がなく，多くの人たちが迅速に避難しなかった。この事例も，世代を通じて災害経験を共有していくことの難しさを物語っている。

また，東日本大震災時の大津波災害や原子力災害からの避難事例は，「率先避難者」になることがいかに難しかったのかを示していた。

自らが率先して避難する必要のある人々の多くにとっては，自力で避難することが難しい老人，子供，病人，障害者をどうするかが切実な問題であった。自宅に残した子供や老人が心配で家に戻った人が被災した，医療関係者が看病になれていない自衛隊員に病人を委ねざるをえなかった，NPO 職員が独居老人や障害者の居住情報を必死で求めたにもかかわらず，個人情報保護の壁に阻まれたなど，深刻な事例は枚挙にいとまがない。

確かに，釜石市（岩手県）の小学生は，地元に「津波てんでんこ」の伝統もあって，率先避難が徹底されており，99.8%の小学生は自らの行動で大津波から命を守った。しかし，それを実現した防災教育は，すさまじいものであった。小学生ひとりひとりが自分の命を守ることを率先し，個々の子供たちの避難行動を尊重して，親でさえも決して助けに行かない意識を根付かせるのは並大抵のことでなかった。釜石市で命を失った小学生の一人は，近所に住む老人を救うために避難が遅れた。

74名の児童と10名の教職員が命を失った石巻市の大川小学校（宮城県）の悲劇は，率先避難ができなかった事例といえる。しかし，子供であっても，大人であっても，個々人が自らの命に自己責任を持つという意識は，決して即座に生まれるものではなく，常日頃からの絶え間のない人々の努力のたまものである。

こうして見てくると，レジリエンスの向上において，率先避難というソフト面からの対応は，決して安上がりなものでも，容易なものでもない。あるいは，巨額の資金を投じたハード面からの対応によって置き換

図9-2　宮古市田老地区に新たに整備された防潮堤（2021年2月18日　日経ビジネス電子版）

わるものでもない。今，東日本大震災から10年以上の月日が経過して，田老地区を含めて東北地方の太平洋岸は，総工費1兆円に達する復興予算で高さ14メートルを超える防潮堤が張り巡らされている（**図9-2**）。確かに立派なハードによる対応であるが，そのことで，ソフトによる対応がおろそかになってはならないと思う。

5. 論点4　さまざまな外的ショックにレジリエントな社会を目指して

リスク管理の分野では，リスクのトレードオフという概念が重要である（トレードオフとは二律背反的な関係を指している）。正確には，英語で risk-risk tradeoffs なので，リスク・リスク・トレードオフと書くべきなのであるが，日本語では，なぜかリスク・トレードオフと略されている。

リスク・トレードオフは，リスク管理において，あるリスクを減らすと，別のリスクが増える現象を指している。リスク管理の教科書では，鉛を含む塗料の使用を禁じたら，代替で使用した塗料にカドミウムが含まれていたという事例がよく使われている。まさに，「リスクのモグラたたき」のような状態である。

実は，社会のレジリエンスと経済秩序のレジリエンスの間にも，深刻なトレードオフが生じる可能性がある。この論点については，第11章第3節の財政危機に対するレジリエンスのところで詳しく論じていくが，以下でも簡単に概観していこう。

巨大防潮堤の建設などの復興政策もそうであるが，日本では大規模な公共投資によって自然災害に対してレジリエントな国土にしていこうという考え方が昔から主張されてきた。しかし，昨今の主張では，最初の段階から大量の国債発行によって公共投資の財源を調達することが当然視されるようになった。こうした政策発想は，21世紀に入ってからの日本社会に特徴的なことであって，それ以前の日本社会では，増税を中心とする財源がまずもって慎重に検討された。欧米の社会では，今でも国債発行による資金調達に対して警戒感が強い。

確かに，短期金利は1990年代半ば以降にすでにゼロ近傍に達し，長期金利も2010年代になるとゼロ近傍に向かって低下してきた日本経済では，大量の国債を発行し，満期が到来しても再び借り換えていくことは決して難しいことではない。逆にいうと，長短金利がゼロ水準から上昇していくと，大量の国債の発行や借換がきわめて困難になり，日本政府（第11章第3節で見ていくように，実は，日本銀行も）は高い利息支払いの負担で資金繰りに窮することになるであろう。大量の国債を抱えている日本経済は，すでに金利上昇に対してきわめて脆弱な体質になっているわけである。

確かに国債発行をあてにして資金を調達した大規模公共投資によって，日本国土は自然災害に対してレジリエントになるが，いっぽうで大量の国債を抱えた日本経済は金利上昇に対してバルネラブル（脆弱）になっている。まさに，日本国土のレジリエンスと日本経済のレジリエンスがトレードオフの関係にあるわけである。

こうした場合，どちらか一方のレジリエンスを犠牲にして他方のレジリエンスだけを追求するよりも，どちらのレジリエンスについても適度なレベルを保つことが求められる。さもなければ，「経済敗れて山河あり」ということにもなりかねない。

大規模な自然災害や深刻な環境危機に対する政策対応では，少数の外的ショックに対するレジリエンスだけに対応を集中してしまい，他の数多くの外的ショック，とりわけ経済的なショックに対してレジリエンスが損なわれるということがしばしば起きてしまう。本講義では，そのようなことが起きない工夫を考えていきたい。

6．論点５　危機対応の失敗に対する責任と納得：完璧な危機対応などありえないのだから

５つ目の論点として，レジリエンス向上への取組の難しさについてより本質的な点を指摘したい。レジリエンスを向上するためのハードな，あるいは，ソフトな対応には，方法の選択に関する合意形成に途轍もない時間がかかる。対応の方法が定まっても，資金調達に苦慮し，方法が完結するまでにも時間がかかる。そこまで努力しても，選択した方法によって本当にレジリエンスが高まるのかどうかきわめて不確実である。要するに，レジリエンス向上に対する取組は，リスクやコストばかりが

大きく，リターンが小さい。

レジリエンス向上への取組は，そのような特徴を持っているために，当事者の誰にとっても，できれば避けて通りたい，見て見ぬふりをしておきたいということになりがちである。

だからといって，法的な責任によってレジリエンス向上の取組を動機付けられるかというと，それも難しい。例えば，福島第一原子力発電所の事故のように，後から見れば，電力会社をはじめとした原発の当事者たちは，差し迫った外的ショック（この場合，大津波の到来）が予見されていたにもかかわらず，レジリエンス向上の努力を怠っていたかのように見える。

だからといって，当事者に対して過失責任を問えるかというと決して容易なことではない。外的ショックが差し迫っていたことが事前に予見でき（予見可能性），外的ショックが予見されていたとして，それに対応する有効な手段があった（結果回避可能性），という要件が法廷で厳密に証明されない限り，当事者に対して法的な過失責任を問うことはできない。

リスクが途轍もなく高いのにリターンがあまり高くないレジリエンス向上への取組においては，非常に硬直的な法的枠組みによって少数の人々に結果責任を負わせるよりも，試行錯誤の中で失敗も許されるような柔軟な枠組みによって，広範な当事者たちの努力をできるだけ引き出していく方が良い。

理想的なケースは，結果としてレジリエンス向上に失敗し社会が外的ショックによって深刻なダメージを受けたとしても，当事者の間でそれまでベスト・エフォートで取り組んでいたという確信があり，対応の失敗も納得して受け入れられるような状態である。

硬直的な法的枠組みでは，発生確率が非常に低い外的ショックについては予見可能性がないとして（法的な責任が逃れられるとして），そうしたショックが「想定外」に置かれてしまう可能性がある。過失責任によって防災活動が動機付けられている場合，いったん予見可能とされると，結果回避手段を検討しなければならないので，そのような面倒なことは「想定外」とされかねない。

しかし，試行錯誤が許されるような柔軟な枠組みでは，とりあえず，さまざまな外的ショックを「想定内」にしておこうという態度が促される。というのも，失敗が許されるような枠組みでは，たとえあらゆる外的ショックを「想定内」にしたとしても，まったく対応できないショック，十分な対応のできないショック，どうにか対応できるショック，確実に対応できるショックと柔軟に仕分けすることができる。したがって，確実に対応できるショックだけを「想定内」とし，それ以外のショックをすべて「想定外」とするようなことが起きなくなる。

第10章第３節では，原発施設への大津波襲来に対しても，防潮堤を建築するというような資金も時間もかかるような対応（できれば，会社経営の観点から回避したい対応）だけでなく，確実に成功するとはいえなくても，現状でも可能でよりましな対応（具体的には，危機対応マニュアルの作成と実行）があったことを見ていこう。

7．論点６　学際的なアプローチの必要性

最後に，さまざまな外的ショックに対してレジリエントな社会を築いていくためには，経済学をはじめとした社会科学と，大規模自然災害，環境破壊，感染症を直接の研究課題とする自然科学との協業が非常に重要であることも強調していきたい。この後のコラムでは，感染症に対してレジリエントな社会を築いていくために，感染症を研究対象とする自

然科学者との協業を実践してきた行動経済学者の大竹文雄教授の取り組みを紹介していく。

参考文献

第 9 章から第11章については，以下の拙著を参考にしてほしい。
齊藤誠（2011）『原発危機の経済学：社会科学者として考えたこと』日本評論社
齊藤誠（2015）『震災復興の政治経済学：津波被災と原発危機の分離と交錯』日本評論社
齊藤誠（2018）『危機の領域：非ゼロリスク社会における責任と納得』勁草書房
齊藤誠（2015）編『震災と経済』東洋経済新報社
齊藤誠・野村博（2016）編『非常時対応の社会科学：法学と経済学の共同の試み』有斐閣

コラム

災害・感染症のソフトな対策で重要な二つの視点

大竹　文雄（大阪大学大学院経済学研究科）

ソフトな対策の重要性

地震・津波・豪雨などの大規模な自然災害への対策をハード面とソフト面の両面で事前準備することが，災害にレジリエントな社会を作ることになる。ハード面だけでは，レジリエントな社会を作れない。耐震強度を強くする，防潮堤を高くする，砂防ダムを設置するというハードの対策は重要であるが，コストがかかるだけでなく，景観や自然環境を悪化させるだけでなく，コミュニティの在り方にも影響するというリスクがある。同様のことは，感染症対策でもそのまま当てはまる。新型コロナウイルス感染症については，感染者や濃厚接触者を治療・隔離する病棟を普段から多めに設置し，対応できるように訓練した医療者の数を増やしておくことが，感染者が増えた際にすぐに対応できることになる。しかし，感染症が蔓延していない時期には，そのような余分な施設を作り，医療者を訓練することはコスト増になる。災害対策にしても感染症対策にしても，災害時や感染症の蔓延時以外には，ハードとしての設備は使用されないので，完全な対策をハード面だけで行うことには限界がある。

震災にしても，感染対策にしても，ハードとしての対策だけでなく，人々がいざとなったときに適切にできるようなソフトとしての対策をしておくことが重要である。それが災害や感染症に対してレジリエントな社会ということになる。

知識があれば「正しい行動」ができるのか

防災でも感染症でも，災害や感染症に対する知識を人々が身につけると，専門家が望ましいと考える対策を人々が取れるようになるという考え方がある。しかし，知識さえ身に着ければ「正しい行動」がとれるようになるかには，2つの問題がある。

第1に，知識があっても，行動につながらないという問題である。第2に，それぞれの分野の専門家が「正しい」と考えていることが，当事者にとって正しいかどうかは，価値観に依存するという問題である。

認知バイアス

まず，知識があっても行動につながらないという点について説明する。避難すべきだとわかっているけれど先延ばしするというのは，行動経済学でいう現在バイアスである。また，異常な状況を示す情報が入っても，それはノイズだとみなして，異常ではないと判断するという正常性バイアスと呼ばれる特性もある。あるいは，社会規範に従うという特性から，人々が避難していない場合には避難せず，避難している場合に避難するという両極端に振れる行動をとりがちである点も知識と行動が乖離する原因である。感染症対策も同様であり，感染対策をすべきだと理解していても先延ばしする，周囲の人が感染対策をしているとするがそうでないとしないということになる。

知識から行動への障壁を乗り越えるためには，このような障壁があることを前提にした，教育や啓蒙活動が必要になる。それがレジリエンスの高い社会になる。自然災害で避難を促進するためには，人々の心理的バイアスを前提にした啓蒙活動が必要である。避難行動を先延ばししてしまう現在バイアスには，コミットメント手段を提供することが効果的である。例えば，自然災害の発生が予想される状況になった場合，いつ何をするかをあらかじめ決めておく「タイムライン」の作成が有効だとされている。また，特定の自然現象が発生した場合に避難するということをあらかじめ決めておく「避難スイッチ」を設定しておくことが提唱されている（矢守・竹之内・加納（2018））。

本章の第 4 節で紹介されている「率先避難」もさまざまな認知バイアスを乗り越えるための工夫である。「率先避難」は，片岡敏孝氏が提唱している津波避難の 3 原則のひとつである。第 1「想定にとらわれるな」，第 2「最善をつくせ」，第 3「率先避難者たれ」である（片岡（2012））。意味はつぎのとおりである。第 1 は，ハザードマップなどで安全とされていても，油断すべきではない。第 2 は，一時的に避難した場所が一番安全な場所とは限らないので，より安全な別の場所に避難できるかを考える，そのときに出来る最善をつくして避難行動をする。第 3 は，大丈夫だろうという正常性バイアスを乗り越えて，率先して避難することが，周囲の人の避難行動も促進することになる。「率先避難」は，人を助けないで自分だけが避難するという意味にも取れるが，自分の避難が周囲の人の避難も促進するという，利他的行動にもなるという側面を含んでいることが重要である。

避難行動には，自分の行動が周囲の人の行動に影響を与えるという外部性が存在する。自分が避難しようと思っても，周囲の人が避難していないと避難を思いとどまる。逆に，周囲の人が避難していると，自分も避難する。そうした外部性の存在を認識させることが率先避難という言葉には含まれている。「あなたの避難が，周りの人の命を救う」というメッセージが避難行動を促進するのも同じメカニズムである（大竹・坂田・松尾（2020））。

複数のリスクの間のトレードオフの存在

第二に，それぞれの分野の専門家が「正しい対策」と考えることと，当事者が「正しい対策」と考えることには価値観の違いからギャップが存在する可能性である。防災の専門家は，住民が自分の命を災害から守ることを最優先した対策が「正しい対策」であると考える傾向がある。同様に，感染症の専門家は，感染者数や感染による死者数を最小化する対策が「正しい対策」であると考える傾向がある。確かに，住民が専門家と同じ価値観を共有しているならば，住民が災害や感染症に関する正しい知識を得ると，専門家が「正しい」と考える行動を取るはずだ。

しかし，それぞれの専門家が重要だと考えることだけを，住民が重要視しているわけではない。「災害リスクは承知しているが，今の住宅で住むことを重視している」，「災害リスクがあることはわかっているけれど，対策のためにお金をかけるよりも，別のことにお金をかけたい」という価値観の人もいる。感染対策にしても，「感染リスクは高まるかもしれないが，人とのコミュニケーションを重視したい」，「感染リスクが高いことは承知しているが，より高い所得を得たい」という価値観の人もいる。もちろん，自分だけの利益だけを考えていると，災害時に他人に迷惑をかけたり，感染を過剰に拡大させたりすることになる。そのためにある程度の行動規制は必要になる。

防災の専門家も感染症の専門家も，その専門家の価値観が，当事者をはじめ社会のさまざまなステークホルダーと異なっている可能性を理解すべきである。このことは，病気の治療法の選択を考えればわかりやすい。副作用が大きいけれど回復までの期間が短い治療法と，回復までの期間は長いが副作用が小さい治療法があった場合だ。どちらが望ましいかは，患者本人や家族の価値観に依存するのであって，専門家である医療者がエビデンスをもとに自動的に選べるものではない。とくに，あるリスクを小さくすると別のリスクが大きくなるというトレードオフが生じる場合には注意する必要がある。例えば，人と人との接触を強く制限する政策を取った場合，当然感染リスクは小さくなるが，経済的損失から自殺が発生したり，コミュニケーション不足からメンタルヘルスを悪化させたり，結婚や出産が減ったり，学力低下が発生したりする可能性がある。感染者数は，毎日報道され情報として早く入手できわかりやすい。しかし，自殺，メンタルヘルス，出生数減少，学力低下といった問題は，すぐには把握できないし，因果関係も特定しにくい。住民はさまざまな価値観を持っているので，特定の分野の専門家が特定のリスクを最小化するための対策を提案しても，別のリスクが高まる対策であると住民が判断するならば，その対策は採用されない。

図 9－3　阪大 CiDER（2025年 2 月完成予定）

基本デザイン・デザイン監修：安藤忠雄建築研究所
基本計画：大阪大学，明豊ファシリティワークス株式会社
設計・施工：大成建設・日建設計特定建設工事共同企業体（デザインビルド）

さまざまなリスクにはトレードオフが存在するため，どのリスクを重視した対策を取るかは価値観に依存する。価値観に依存しないベストの対策が存在することは稀である。それぞれの分野の専門家は，自分が最善の対策だと考えている対策が，自分の分野の専門知識と自分の分野特有の価値観の両方から成り立っていることを自覚すべきである。これは，専門家の提案から対策を考える際も，私たちが注意すべきことである。ひとつのリスクにだけ注目しすぎると社会のレジリエンスは弱くなってしまうのだ。しかし，私たちはそのことに気がついていないことが多い。

参考文献

大竹文雄・坂田桐子・松尾佑太（2020）豪雨災害時の早期避難促進ナッジ　行動経済学　13，71-93

片岡敏孝（2012）子どもたちを守った『姿勢の防災教育』—大津波から生き抜いた釜石市の自動・生徒の主体的行動に学ぶ　災害情報　No.212，37-42

矢守克也・竹之内健介・加納靖之（2018）避難のためのマイスイッチ・地域スイッチ　2017年九州北部豪雨災害調査報告書：99-102

10 経済学から見た自然災害に対するレジリエンス

東日本大震災の経験を踏まえて

齊藤　誠

《目標＆ポイント》 本章では，災害の予見や回避の範囲について非常に狭く限定することを前提に，法的な過失責任を特定の個人や団体に負わすよりも，災害の予測範囲や回避手段をできるだけ柔軟に設定して広範な人々がベストエフォートベースで災害に備えることの重要性を強調している。また，不幸にして自然災害による被害が生じた場合にも，量的，質的な回復を適度に抑制する方が，持続可能な復興が実現できることを指摘する。
《キーワード》 過失責任，予見可能性，結果回避可能性，危機対応マニュアル，行政の無謬性，復旧と復興，最適な回復規模

1．自然災害に備えるとは？

（1）過失責任で問える範囲の狭さ

本章では，2011年３月11日に東北地方の太平洋岸を襲った東日本大震災の経験を踏まえて，自然災害に備えることと，自然災害から回復することをあらためて考えてみたい。まずは，自然災害への備えに関する本質的な側面をあぶり出すために，法律がどのようにして自然災害への備えを促しているのかから見ていこう。

法的な枠組みでは，個人や団体（例えば，会社）が自然災害への備えを怠った者に対して過失責任を問うて，民事であれば個人や団体に賠償が課され，刑事であれば個人に刑罰が科される。そこで個人や団体は，

後から過失責任が問われないように，前もって自然災害へ備えるわけである。

ここでは，災害が予測できていたのにもかかわらず，災害を回避することを怠った場合に，過失責任が問われることになる。前者の要件は予見可能性，後者の要件は結果回避可能性とそれぞれ呼ばれている。

しかし，こうした法的な枠組みによって自然災害に対して有効な備えが促されるかというと，現実には非常に難しい。法廷においては，予見可能性や結果回避可能性の有無を明らかにしようとすれば，原告側（検察側）も，被告側も，それらの可能性の範囲をかなり限定して争わざるをえないからである。その結果，過失責任の回避を念頭に置いた防災対策では，予見の範囲も，結果回避の範囲も，非常に狭く捉えられてしまう。

例えば，福島第一原子力発電所の事故（以下，福島第一原発事故と略する）について，東京電力（以下，東電）や東電経営者の過失責任が問われたが，法廷では，予見可能性の範囲は非常に狭く捉えられた。すなわち，文部科学省の特別の機関である地震調査研究推進本部（以下，地震本部）が2002年７月に公表した長期評価*1)によって大津波の到来が予見可能となっていたかどうかが争われてきた。

確かに，2002年長期評価には，以下の文章が示すように，福島県沖の大津波は，当初，「想定内」として取り扱われていた。

> Ｍ８クラスのプレート間の大地震（津波地震）は，過去400年間に３回発生していることから，（中略）今後30年以内の発生確率は20％程度，今後50年以内の発生確率は30％程度と推定される。また，特定の海域では，（中略）530年に１回の割合でこのような大地震が発生すると推定される。（中略）今後30年以内の発生確率は６％程度，今後50年以内の発生確率は９％程度と推定される。

＊1）大地震の発生する可能性のある地域を対象に，地震の規模や地震が発生する確率を予測したもの。

しかし，上で述べられた福島県沖の大津波の可能性は，長期評価の公表時点でただちに「想定外」に追いやられた。長期評価報告書の冒頭には，次のような留保条件が付されたのである。

> なお，今回の評価は，現在までに得られている最新の知見を用いて最善と思われる手法により行ったものではあるが，データとして用いる過去地震に関する資料が十分にないこと等による限界があることから，評価結果である地震発生確率や予想される次の地震の規模の数値には誤差を含んでおり，防災対策の検討など評価結果の利用にあたってはこの点に十分留意する必要がある。

もちろん，こうした留保条件が設定されるにあたっては，地震本部で正式の意思決定手続きがとられた。留保が付されたのにはさまざまな事情が影響したと考えられるが，もっとも本質的な理由は，福島県沖の津波地震の可能性について科学的な知見が十分に蓄積されていなかったことである。

しかし，その後，福島県沖の津波地震に関する科学的な知見が蓄積された結果，大津波の可能性が，再び「想定内」にされようとしていた。とくに，2000年代に津波堆積物調査が精力的に進められた。2008年から2010年にかけては，そうして明らかにされた津波堆積物の分布を整合的に説明するシミュレーション研究が発表された。

地震本部は，こうした科学的知見の積み重ねを根拠に，2002年の長期評価に付された留保条件を取り下げることを検討し始めた。事実，地震本部の正式な手続きを経て，2011年４月に留保条件を取り下げた長期評価が公表される予定になっていた。

残念ながら，このような大津波の可能性を「想定内」にしようとする作業は，2011年３月11日の大津波の到来には間に合わなかったのである。

ここで見てきた福島県沖の大津波到来の可能性が「想定内」と「想定外」の間で大きくスイングした経緯自体が，社会における公的機関の予測の難しさを物語っているように考えられる。

公的予測を「発する方」としては，「とりあえず予測はしていた」というアリバイを作っておきたいと考えると同時に，よほど強固な科学的根拠がない限りは，「予測で社会を混乱させたくない」という配慮がどうしても働いてしまう。公的機関には，そもそも，大きな誤差を伴う数値公表への躊躇もあるのであろう。

一方，公的予測を「受け取る方」としては，対応が可能な限りにおいて予測を受け止めるが，対応が不可能であれば予測を無視するという態度に出るであろう。とくに，公的予測を受け取る企業は，対応が不可能である，あるいは，対応が可能であるが，膨大なコストがかかるようなケースで不十分な対応をするぐらいであれば，はじめから予測がなかったかのようにふるまう方が，企業経営にとって合理的な判断となる。事故の予測が可能であったにもかかわらず，事故の結果回避を怠ったと判断されれば，民事や刑事の裁判で過失責任を問われかねないからである。

(2)「あり得ることは起こる。あり得ないと思うことも起こる」

上で見てきたように，法的な過失責任が問われない範囲で自然災害へ備えるのであれば，当事者たちは，予見することが非常に難しく，発生確率のきわめて低い災害については「無視する」のが合理的となる。当時，原子力安全委員会委員長であった班目(まだらめ)春樹が，2007年2月16日に浜岡原子力発電所差止裁判で以下のように証言している。

…（略）…つまり何でもかんでも，これも可能性ちょっとある，これはちょっと可能性がある，そういうものを全部組み合わせていったら，ものなんて絶対造れません。だからどっかでは割り切るんです。

班目元委員長の理解によれば，「確率の低い事故Ａ」×「確率の低い事故Ｂ」×……×「確率の低い事故Ｚ」の同時発生の確率がある閾値を下回れば，それらの事故の同時発生は，「想定内」のリスクではなく，「想定外」の不確実なものとして取り扱うべきことになる。

一方，福島第一原発事故の政府事故調査委員会委員長であった畑村洋太郎は，2012年７月に公表された『福島第一原発事故最終報告書』の所感で以下のように述べている。

あり得ることは起こる。あり得ないと思うことも起こる。

畑村委員長の理解では，発生確率の大小にかかわらず，あらゆる事故の可能性は，「想定内」のリスクとして取り扱うべきということになる。発生確率が非常に低い複雑な事故であっても「あり得ること」と考え，そうした事故への具体的な対応を，対応できないことを含めて「想定内」とすべきとした。いいかえると，畑村の解釈では，将来の危険事象について，「想定外」として取り扱う余地がまったくない。

東日本大震災において大津波の襲来で引き起こされた原発事故は，大災害の可能性が，どのような契機で「想定内」となるのか，どのような要因で「想定外」となるのかという問題をあらためて私たちに突き付けたといえる。

2. 事例研究（その1）：ソフトウェア（危機対応マニュアル）による対応の重要性

（1）自然災害への柔軟な備え

前の節で見てきたように，法的な過失責任を回避する範囲で自然災害に備えていこうとすると，予見可能性の範囲も，結果回避可能性の範囲も，非常に狭く捉えられてしまう。先の事例であれば，2002年長期評価に限定して大津波の到来の可能性が検討されてしまう。その評価に留保条件が課されていれば，長期評価自体の信憑性が低いと判断されてしまうかもしれない。

しかし，2002年以降に現在進行形で学術的に明らかになったことも含めて，とりあえず，「大津波の到来もあり得る」という判断も可能であろう。そうしたレベルの判断は，法的に想定されている予見可能性よりもかなり広めとなるとともに，はるかにあいまいなものであろう。

また，結果回避可能性についても，防潮堤の建設のように，非常に高い防災効果が期待できる一方，費用も膨大になってしまうような措置に限定する必要もない。「あり得る」大津波の到来に対して，防災効果についてあいまいな部分があっても，現行の予算の範囲で，できるかぎりの対応をするというのも，自然災害への備えとして重要なことであろう。十分な予算で完璧な対応するのでなくても，ベスト・エフォートのベースで備えをするわけである。

また，自然災害への備えは，防潮堤建設のようなハードウェアによる対応だけではなく，避難や危機対応に関するマニュアルの整備のようなソフトウェアによる対応も重要となってくる。予算面でも，ハードウェアによる対応よりも，ソフトウェアによる対応の方が経費も節約することができるかもしれない。

以下では，福島第一原発事故の当時，原発施設にも，東電本社にも，そして政府（原子力安全保安院）にも備わっていた危機対応マニュアルが事故当時にどのように取り扱われていたのかについて振り返ってみたい。

（2）無視された徴候ベース危機対応マニュアル

東日本大震災の大津波による原発事故に相当する事故状況も，実は，事故時運転操作手順書（危機対応マニュアル）に想定されていた。

1979年3月に起きた米スリーマイル島原発事故以前には，2つの事故時運転操作手順書だけがあった。ひとつは，事象ベースと呼ばれるもので，炉心熔融以前の状況で因果関係が明確な事故への対応を定めたものである。もうひとつは，過酷事故ベースと呼ばれるもので，炉心熔融以降の状況において限定的な危機対応（事故状況が過酷すぎて，抜本的な対応は不可能なため）を定めたものである。

しかし，スリーマイル島原発事故以後，炉心溶融以前の状況で因果関係が不明確な事故への対応を定めた徴候ベースと呼ばれる危機対応マニュアルが導入された。徴候ベース危機対応マニュアルでは，危機状況における人間の認識能力の限界を踏まえ，限られた計測で把握が可能な状況に応じて，具体的な対応手順が定められていた。

徴候ベース危機対応マニュアルは，1990年代末までに日本の原発施設に導入され，原子炉等規制法で遵守が義務付けられている保安規定にも含まれた。排気塔と格納容器を結ぶ配管がベント施設として整備されたのも，徴候ベース危機対応マニュアルが導入された結果であった。

2011年3月11日に大津波に襲われた福島第一原発事故当初の状況は，まさに徴候ベース危機対応マニュアルで想定されていた事故状況であった。すなわち，事故直後の原子炉は，因果関係が定かでないさまざまな要因によって，炉心溶融に至る可能性のある状況にあった。このように大津波到来直後は，炉心溶融以前の複雑な状況（因果関係の特定が困難な状況）であったので，徴候ベース危機対応マニュアルの手順に従うべきであった。

徴候ベースの本来の手順は，格納容器内の圧力レベルが高まるにつれて，

格納容器スプレイ ⇒ 減圧注水 ⇒ 格納容器ベント

というものあった。しかし，現場や東電本社は，最初の最初に徴候ベースよりも先の段階であるシビアアクシデント（過酷事故）と宣言してしまった。その結果，「徴候ベース⇒過酷事故ベース」という手順書の移行手続きが完全に無視された。このように，実際の状況に比して過度に深刻な事故対応をした結果，徴候ベースの手順では最終の対応手段である格納容器ベントの実施を最優先するという間違った手順が踏まれてしまった。

当時の状況をもう少し詳しく見ていこう。上にも述べたように，津波被災直後の原子炉状況は，シビアアクシデントではなかった。制御棒も無事に挿入され，核分裂反応も停止していた。冷却水喪失事故も起きなかったことから，炉心水位は十分に高く，原子炉は炉心損傷に至る前の状況にあった。

一方，電源喪失，非常用ポンプの損傷，非常用冷却システムの故障の可能性など，複数の原因が錯綜しており，単一の因果関係を想定した事象ベースの手順書ではまったく対応できない状況であった。

まさに，本来であれば，徴候ベースの手順書に従うべき状況であったが，手順書間の移行問題を無視して，全交流電源喪失の事態をもってシビアアクシデントと宣言されてしまったのである。

公開されている事故当時の記録や当事者たちの証言によると，原発現場の責任者たちの間では，減圧注水を「最後の手段」と位置づけ，「減圧注水⇒格納容器ベント」という本来の手順とはまったく逆に理解されていた。一方，現場の運転員たちの発言からは，徴候ベースの手順書を正確に理解していたことが推測できる部分もあった。

また，徴候ベース危機対応マニュアルによれば，まずは，格納容器スプレイで原子炉を冷却することがとるべき手段であったにもかかわらず，当時の規制当局であった原子力安全保安院の判断で，格納容器ベントを急ぐあまりに，格納容器スプレイは中断されてしまった。事故発生3日後の3月14日には格納容器ベント最優先の方針から減圧注水優先の方針に転換されたが，方針転換が遅すぎた。

（3）なぜ，徴候ベース危機対応マニュアルは無視されたのか？

なぜ，徴候ベース危機対応マニュアルは軽視されたのであろうか。もっとも重要な要因は，当時の規制当局（原子力安全保安院）が規制行政の無謬性（むびゅうせい）をかたくなに信じていたことであろう。過酷事故を防止できるように法体系ができていて，法令を守っている限り，過酷事故は起きないというのが規制当局の判断であった。

こうした行政の無謬性を想定した規制当局の姿勢は，電力会社の責任者側にも反映し，スリーマイル島原発事故を契機にせっかく導入された徴候ベース事故時運転操作手順書も，それを軽視する風潮が広まっていたのであろう。ただし，原発現場の作業員には，徴候ベースのマニュアルに対して柔軟な姿勢を示す人々も少なくなかった。

以上をまとめてみると，大津波による原発事故は，当時，すでに導入されていた徴候ベース危機対応マニュアルに想定されていた。事故が「想定内」であったにもかかわらず，あらかじめ決められた危機対応手順が守られなかったのである。具体的にいうと，格納容器ベントは最終の手順であったにもかかわらず，格納容器ベントが最優先された結果，本来先行すべき格納容器スプレイは中断され，中核的なステップである減圧注水は後回しにされた。

もちろん，危機対応マニュアル通りの対応をしていたとしても，原発事故の拡大は防ぐことができなかったのかもしれない。そういう意味では，危機対応マニュアルによる自然災害への備えは，到底完璧なものとはいえない。

事実，実際の裁判では，危機対応マニュアルに関わることが争点となっていたわけではなかった。たとえ法廷で争点となっていたとしても，「危機対応マニュアルさえ守っていれば，原発事故は防げた」という主張を論証することも，したがって，その主張に基づいて過失責任を問うことも非常に難しかったであろう。

しかし，危機対応マニュアルを活かすことによって，「よりましな」結果を生み出す確率が高まったということはいえよう。非常に仮想的な状況であるが，あらかじめ備わっていた危機対応マニュアルに従っても事故を防ぐことができなかった場合でも，結果責任は措(お)くとして，当事者の間で「最善は尽くした」という納得は得られたのかもしれない。

3．事例研究（その２）：適度な震災復興とは？

（１）「復旧」，「復興」とはいうけれども

本節では，自然災害への備えを怠っていなかったにもかかわらず，不幸にして大規模な被害を被った場合に，どのレベルにまで回復することが，適度な災害復興といえるのかを考えてみたい。具体的には，東日本大震災の復興事業が適切な規模であったのかどうかを経済学的に検討し

ていく。

しばしば「自然災害からの回復は，復旧ではなく復興でなければならない」といわれるが，この主張には，復旧が意味する「元に戻る」ことについても，復興が意味する「再び栄える」ことについても，深い考察に欠けるところが多い。

例えば，ある沿岸の町にあった100軒の民家，10棟の事務所ビル，5箇所の工場がすべて大津波に流されたとしよう。通常，「復旧」という場合，100軒の民家，10棟の事務所ビル，5箇所の工場を再建することを指す。一方，「復興」というと，被災前の民家，事務所ビル，工場の再建数は抑えられるものの，最新設備の施設で民家，事務所ビル，工場を充実させるというニュアンスが込められている。被災前の状況に比べて，「復旧」は量的な回復を，「復興」は質的な回復をそれぞれ意味しているといえようか。

しかし，被災前の町の様子をあらためて振り返ってみると，事態はそれほど単純とはいえない。

例えば，100軒の民家は木造家屋が多く老朽化が進んでいた。すでに人が住んでいない空き家も多かった。事務所ビルも，耐震基準を満たしておらず，近く取り壊しが予定されていたものもあった。まだまだ使えるビルも，テナントが入っておらず空きスペースとなっているところも多かった。工場に至っては，最新鋭の機械が導入されているところは皆無で，修繕や改築が必要な個所もそのまま放置されていた。

上のような状態が，被災前の町の経済力で維持可能な建物の姿だったとしよう。見方を変えてみると，古い建物だったからこそ，家賃も安く，だからこそ，その町で住んでいくことができ，生計を立てることもできた。昔からの生業や商売も可能となったわけである。

そんなところに，「復旧」と称して，新しい建物で元の棟数を再建したらどうなるであろうか。あるいは，「復興」と称して，再建棟数こそ抑えたものの，最新設備の施設で建物再建を進めたらどうであろうか。そのようなことになれば，再建された建物ストックは，間違いなく，町の本来の経済力から見て量的に，あるいは，質的に過大なものになってしまうであろう。

新しい住宅に入る住民にも，新しいビルや工場に入る企業にも，新築の建物に関わる諸々の費用に見合った家賃を払っていくことは大変なことであろう。東日本大震災の復興では，個人や企業が負担できない家賃は，地方自治体の方が負担することになった。住居や工場の建築費のほとんどは，国からの復興予算でカバーされたものの，新築後にかかる建物の維持費や修繕費は，地方自治体が負担しなければならなかった。

例えば，被災前の公営アパートは，3階建てでエレベーターがなかったとしよう。被災後に新築されたマンション仕様の復興集合住宅も3階建てであったが，エレベーターが設置されたとする。エレベーターの維持には，毎年，定期点検の費用が必要となるし，故障も少なくないことから修繕費も無視できない。こうした費用は，通常，マンションの家賃に含まれるが，復興集合住宅の場合，賃貸人に代わって地方自治体が点検費や修繕費を負担する。

仮にエレベーターなどの諸施設の点検や修繕を怠れば，居住者たちは不便を被り，最悪の場合，その復興住宅に住めなくなってしまうかもしれない。かといって，地方自治体は，事実上オーナーであるいくつもの復興集合住宅の維持・管理に関わるさまざまな費用を無理して負担し続ければ，資金繰りが立ちいかなくなるかもしれない。

こうして見てくると，復旧であれ，復興であれ，回復した状態は，被災した地方自治体の経済力に比して過大なレベルになりかねない。そのような復旧や復興は，地方自治体の「身の丈に合った復興」とは決していえない。

（2）適切な復興規模とは？

そこで，簡単な経済モデルを用いながら，被災した地方自治体にとって「身の丈に合った復興」とはどのようなレベルの回復なのかを考えてみたい。

図10－1は，被災した地方自治体の建物市場について，横軸に建物ストック（建物棟数）を，縦軸に建物賃料をそれぞれとったものである。

まず，当該地方自治体の建物ストックの水準が，かつて経済的に栄えていた時に決定されたとしよう。ここで，繁栄期の建物需要関数は，破線の右下がりの破線とする。すなわち，建物賃料が安いほど，建物ストックへの需要が高まると想定する。すると，建物の建物費や維持・管理費に見合った建物賃料のところまで建物が建てられるので，点Aのところで建物賃料と建物ストックが決定される。ここでいう建築費用には，新築の費用ばかりでなく，修繕や更新に必要となる費用も含まれているところに注意してほしい。

しかし，今般の被災地域は，震災前にすでに衰退期に入っており，建物需要関数が実線の右下がりの線のところまで下方にシフトしていた。既存の建物ストック水準では，建物賃料が点Ｂの水準まで低下していた。点Bの均衡では，建物利用者の支払う建物賃料で修繕や更新の費用をカバーすることができないので，建物ストックの老朽化が進行している。言い換えると，低い建物家賃が老朽化した建物に見合っていた。

そのような社会経済状況にあったところに，津波による被災で建物ストックが毀損した結果，建物ストックの水準が大きく低下して，均衡が点Bから点Cに移った。点Cでは，建物賃料が建設費用や維持・管理費に見合った水準を上回っているので，震災後の建物ストック水準が過小

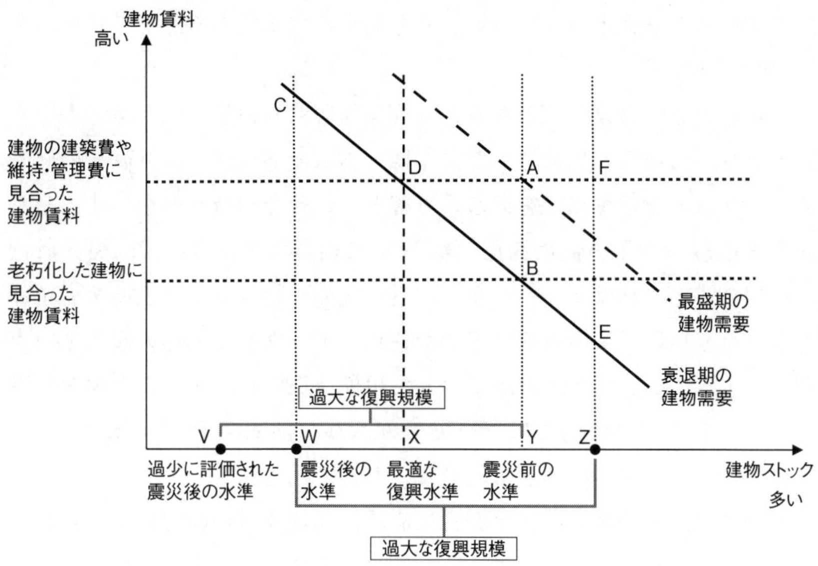

図10－1　震災前後の建物市場

である。したがって，建物ストックに関する最適な復興水準は，建物の建築費や維持・管理費に見合った水準に建物賃料が一致する点Dのところとなる。

（3）東日本大震災の復興計画からの教訓

東日本大震災からの復興計画には，3つの点で深刻な錯誤があった。前の節で提示した**図10－1**を用いて，それらの錯誤について順を追って説明していこう。

第1に，津波被災地域が震災前にすでに衰退期に入っていて，建物需要関数が下方にシフトしていたことを考慮しなかった。第2に，その結果，復興政策における最適な建物ストック水準は，いぜんとして点Aにあると判断された。第3に，被災規模が過大に推計された結果，震災直後の建物ストック水準は，点Wよりも過小な水準である点Vに見積もられた。

これらの3つの錯誤が重なると，震災復興計画の規模は，途方もなく過大なものになる。先に述べたように，本来であれば，震災直後の建物ストック水準を示す点Cを通る垂直線と，最適な回復水準を示す点Dを通る垂直線の水平方向の距離（線WXに相当）に見合って，復興計画の規模を決定すればよい。しかし，震災後の建物ストック水準を過小な水準（点V）に，復興目標に定めた建物ストック水準を過大な水準（点Y）に見積もったために非常に大きな規模（線VYに相当）の復興計画が立てられた。具体的には，震災後の水準である点Wから始まって，点Zを目指して復興計画が策定されたわけである。

その結果，建物ストックは非常に高く，建物賃料が非常に低い点Eのところで均衡が実現してしまう。点Eに対応する建物家賃では，点Fに対応する建物建築費や維持・管理費に見合った家賃をまかなうことができない。

先に述べたように，賃貸者の建物賃料で調達できない建築費は国からの復興予算でまかなわれた一方，建物の維持・管理にかかわる費用は地方自治体が負担をすることになった。仮に地方自治体が修繕や更新に関わる費用を負担することができないと，建物ストックは，せっかくの新築でありながら老朽化が急速に進むことになる。このような復興計画が津波被災地域で大規模に展開されれば，希少な資源が社会的に浪費されてしまうであろう。

こうして見てくると，建物ストックの被害規模が過大に見積もられた第3の錯誤こそが，復興予算を途方もない規模に膨張させた大きな理由ということができるであろう。

2011年3月11日勃発の大震災の12日後に公表された内閣府（経済財政

分析担当）の被害推計や，さらに3カ月後に公表された内閣府（防災担当）の被害推計が，公表後にいっさい訂正されることなく，2011年7月末に発表された「復興の基本方針」にストレートに反映されて5年間の集中復興期間の予算が19兆円まで膨らんでしまった。さらには，内閣府の被害推計は下方にも，上方にも改訂されないままで，2013年度予算からは，復興予算が19兆円から25兆円に拡大した。

そうした復興政策策定は，きわめて遺憾なことであった。この論点こそ，東日本大震災への政策対応から得られるもっとも重要な教訓のひとつであろう。

☆本章の参考文献については，第9章であげた文献を参照にしてほしい。

11　経済学から見た経済危機に対するレジリエンス

齊藤　誠

《目標＆ポイント》　本章では，社会の人々の行き過ぎた経済行為が深刻な経済危機を生み出さないように，人々の間で経済行動の目安やルールを共有しておくことの重要性を議論していく。最初の事例は，適度な株価の目安としてP/E比率を提示するとともに，1980年代後半の株価バブルがP/E比率の目安を大きく超えていたことを示す。二つ目の事例では，日本銀行が過度に長期国債を引き受けることに歯止めをかけるルールであった日銀券ルールが2013年に棚上げになるやいなや，日銀の長期国債保有が急激に膨張したことを見ていく。

《キーワード》　経済行動に関する目安やルール，資産価格バブル，P/E比率，長期国債，日銀券ルール，日銀当座預金

1．経済危機に対してレジリエントな社会とは？

本章では，経済危機に対してレジリエントな社会を築いていくための「勘所」となるようなポイントを考えていこう。そこで，回り道となってしまうが，比喩から始めたい。

今，長さ30センチのプラスチックの物差しの下側を手で支えて垂直に立ててみよう。そして，下側で支えた物差しの上側の方にもう片方の手で水平方向に力をかけて，物差しをたわませる。ある程度，たわんだところで，手を離すと，物差しは垂直方向に戻る。物差しが垂直方向に戻ることをもって，経済が平生の均衡を回復した状態とたとえることにし

よう（**図11－1**）。

ここで3つのケースを想定してみる。(1) あまり力を加えることなく，すぐに手を離すと，物差しは，大きく振動することもなく，速やかに垂直方向に戻る。しかし，(2) 強い力を加えて，思い切りたわませてから手を離すと，物差しはしばらくの間，ひどく振動しながら，ようやく垂直方向に戻る。一方，(3) 水平方向に力を加えすぎてしまうと，物差しがパキッと折れてしまう。

それぞれのケースは，度合いの異なる経済混乱を比喩していると考えてみよう。(1) の場合，経済が速やかに元の状態に戻るような軽い経済混乱，(2) の場合，経済が元の状態に戻るまでに時間がかかってしまうような大きな経済混乱，そして，(3) の場合，経済が元の状態を回復できないような甚大な経済混乱となる。もちろん，経済危機に対してレジリエントな社会状態とは，(1) の状態でとどまるような社会ということができるのではないであろうか。

このようにいってしまうと，「そうはいっても，大規模地震のように強烈な経済危機だって起きるであろう。そうした経済危機に対するレジリエンスも考えないといけないのではないか」と反論されることも多い。しかし，経済危機による社会の混乱は，自然の摂理から起きる自然

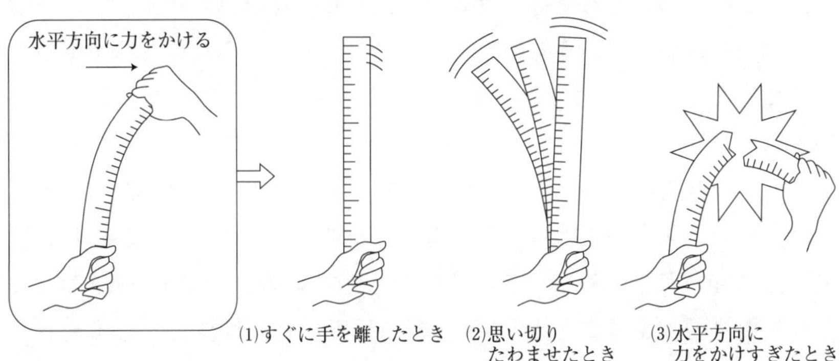

図11－1

災害と異なって，社会の人々の行き過ぎた経済行動の帰結という側面，つまり人間活動によるものがとても大きいのである。

本章で取り扱う経済危機や経済混乱を引き起こすショックは，決して社会にとって外的なものではなく，社会の人間の行為自体にその根本的な原因があると考えていく。上の比喩では，プラスチックの物差しに加わる水平方向の力は，何らかの理由から，社会の人々が「良かれ」と考えて経済の均衡状態から離れて突き進んでしまうことを指している。

最初に述べた「勘所」とは，社会の人々が経済均衡から離れて突き進んでしまうにしても，そこそこのところでやめておく方が，経済危機に対する社会のレジリエンスをかえって保つことができるという趣旨である。社会の人々が早い段階で元に戻る「勇気」を持つ方が，経済混乱は軽微にとどまる。

逆にいうと，社会の人々の行き過ぎた行為の結果，経済の平生の均衡から大きく離れた場合に，非常に大きな経済危機が顕在化することになる。場合によっては，経済社会が，もはや元の状態を回復することができない深刻な混乱に陥ってしまうかもしれない。

このように経済危機のエネルギーが社会の見えざる根底にたまって（物差しのたわみが大きくなって），それが社会の表舞台で噴火する前に，そこそこのところで経済危機のエネルギーを解放させてしまう（物差しのたわみが小さいうちに手を放してしまう）ような社会的なルールを考慮していこうと思う。いや，ルールといってしまうと，たいそう仰々しくなってしまうので，目安といった方がよいのかもしれない。

こうした社会の目安（社会的なルール）を定着させていくことの難しさは，社会の人々がその目安を無視したからといって，社会が直ちに経済混乱に陥るわけではないところにある。社会の目安（ルール）には，そうした性質があることから，「面倒な目安など，無視してしまえ」となって，社会的なルールがあからさまに棚上げにされる可能性も低くない。そうなってしまうと，経済危機の大きなエネルギーが社会の根底にたまって，やがて途轍もなく大きな経済危機が勃発してしまいかねない。

本章では，社会が突き進むことをそこそこのところでやめなかったことから，経済社会が大きな経済危機のエネルギーをため込んでしまった事例を見ていきたい。第２節では，1980年代から2000年代初頭の日本の株価バブルの生成と崩壊について振り返ってみる。

また，第３節では，日本銀行が日本国債を買い入れる規模の上限が2013年４月に撤廃された結果，その10年後には，すぐに元の状態に戻れないほどに日本銀行の国債買入規模が膨張してしまった事例を見ていくことにしよう。

ひとつ目の事例では，経済混乱をもたらすとんでもないエネルギーがすでに噴出してしまったが，２つ目の事例は，そうしたエネルギーがまだまだため込まれている状態にある。

2．事例研究（その１）：株価バブルの生成と崩壊

（１）1980年代から2000年代初頭にかけての株価

日本の代表的な株式市場である東京証券取引所（以下，東証と略する。今は，日本証券取引所と呼ばれている）で取引されている株式価格は，1980年代から2000年代初頭にかけて高騰と暴落の非常に大きなサイクルを描いた。

図11－2は，東証第１部市場に上場されている225社の平均的な株価の動向を示す日経平均と呼ばれる株価指標の推移を描いたものである（図の実線）。1982年３月に7,260円にとどまっていた日経平均は，1989

図11－2　日経平均で見た株価水準と景気循環調整済みのP/E比率
（日経平均：日本経済新聞社，P/E比率：東証の統計から筆者が作成）

年12月に38,916円に達した。株価は，7年あまりで5倍以上に高騰した。

しかし，1990年に入ると，株価が暴落する。日経平均は，1992年7月に15,910円にまで暴落した。その後も，日経平均は乱高下を繰り返して2003年4月に7,831円でようやく底値となった。1989年12月のピーク時に比べると，日経平均は5分の1の水準にまで下落したことになる。この底値水準は，株価上昇が始まった1982年の水準を若干上回る程度にしかすぎない。結局，20年あまりの時間をかけて元に戻ったわけである。

ファイナンス理論では，株価が適正な水準（しばしば，ファンダメンタルズと呼ばれている）を上回る部分は，資産価格バブル（単にバブルと呼ばれることも多い）と呼ばれている。1980年代から2000年代初頭に繰り広げられた株価の高騰と暴落の大きなサイクルは，まさに株価バブルが形成され，それが崩壊した歴史といえる。

1990年代に入ると，株価だけでなく地価も暴落した。株価バブルだけでなく，地価バブルも崩壊したわけである。1990年初めから始まった株価や地価の暴落が1990年代の日本社会に与えた影響は甚大であった。株式や土地への投機に明け暮れた企業の多くは倒産し，少なからずの金融機関が破綻しかけた。株式や土地に投機をした個人も自己破産に追い込まれた。当然ながら，日本の経済活動はいたるところで停滞した。1990年代の日本経済の停滞は，「失われた10年」と呼ばれるようになった。

株価バブルの形成と暴落を客観的に見ると，株価が適切な水準（ファンダメンタルズ）を上回っていたにもかかわらず，社会の人々が株式の売買に明け暮れて，いつの間にか，株価バブルが大きく膨らんでしまった。そうして膨張したバブルが，突然，崩壊したわけである。

プラスチック物差しの比喩に戻ってみると，大きくたわんだ物差しが手から離れて大きく振動する (2) のようなケースに相当しているとみなしてよい。いや，経済混乱が1990年代の10年間も続いたことを考えると，物差しがパキッと折れてしまう (3) のようなケースにたとえた方が適切なのかもしれない。

(2) 株価の目安としての P/E 比率

1980年代の株価バブルの生成プロセスを振り返りながら，株価バブルの崩壊にレジリエントな社会をあらためて考えてみると，そもそも株価バブルを大きく膨張させるはるか手前で，小幅に上昇した株価を下落させるようなきっかけを持っている社会ということになる。株式を取引している人々が，株価バブルの形成に暴走し始める前に，そこそこの株価で立ち止まる勇気を持つことがレジリエンスであろう。

ここでのレジリエンスの「勘所」は，株式を取引している人々が，適切な株価（ファンダメンタルズ）について目安を共有しておくことであろう。現実の株価がそうした目安を過ぎてしまったら，人々は，株価が高すぎると考え，株式を買うことに慎重になるわけである。

しかし，株価の適切な価格がどの水準にあるのかを現在進行形で見定めるのは，非常に難しい。多くの場合，株価が暴落して初めて，それまでの高騰した株価が単にバブルであったと理解（後悔？）されることがほとんどではないであろうか。

それでも，P/E 比率（Price Earnings Ratio）と呼ばれる指標は，おおざっぱであるものの，適切な株価の目安として用いることができる。P/E の分子にあたる P は 1 株当たりの株価（price）を，その分母にあたる E は 1 株当たりの年間企業収益（earnings）をそれぞれ指している。すなわち，P/E 比率は，何年分の収益が現在の株価に反映しているのかを計った指標である。仮に現在の P/E 比率が20であれば，現在の株価は収益20年分に相当することになる。

ただし，P/E 比率の分母の企業収益は短期的に大きく変動するので，通常は，過去10年間の平均企業収益が用いられる。企業収益と物価の変動を調整した P/E 比率は，景気循環調整済み P/E 比率（以下では，英語の cyclical adjusted price to earnings ratio の頭文字をとって，単に CAPE と呼ぶことにしよう）と呼ばれている。**図11－2**の黒の破線（右目盛り）は，東証第 1 部に上場されているすべての企業について平均的な CAPE の推移を描いている。

図11－2によると，1982年 3 月に20を下回っていた CAPE は，1989年12月に100を上回った。1980年代の株価は，当初は20年分しか反映していなかったのに，なんと100年分の収益を反映するまで高騰したことになる。1990年代になると，CAPE は，30から50の間を乱高下するようになる。

それでは，目安となる CAPE の水準とはどのくらいなのであろうか。

ファイナンス理論では，株式投資家が求めている平均的な株式収益率からCAPEの目安を計算する。例えば，株式投資家が平均して年５％の利回りを求めているとする。株価の５％に相当する年間利回りを累計して株価水準（100％に相当）に達するには，100％÷５％/年で20年分を累計しなければならない。すると，20年分の年間収益を反映した株価，すなわち，20程度のCAPEが適切な水準ということになる。もし，年４％の株式収益率が求められているとすれば，CAPEの目安は25となる。

このようにして計算されたCAPEの目安を現在の株価が上回っていれば，株価は適切な水準を超えていることになる。そうした適切な株価水準に関する判断が株式投資家の間で共有されていれば，積極的な買いを控えて株価が暴走する前に適切な株価に戻るであろう。もちろん，軽微な株価下落で損を被る投資家も出てくるであろうが，1990年代初頭の株価バブル崩壊のように日本経済を10年以上にわたって混乱に陥らせることはなくなるであろう。

米国の株式投資家は，年４％から年５％の収益率を求めているといわれている。したがって，目安となるCAPEは20から25ということになる。日本の株式投資家は，米国の投資家に比べて要求する収益率が低いといわれているが，それでも，年３％前後の収益率は求められているので，目安となるCAPEの水準は30台，せいぜい40ぐらいまでということになろう。

（３）CAPEの水準から振り返った株価

目安となるCAPEが30からせいぜい40という数字を頭に入れて，**図11－２**をあらためて眺めてみよう。1984年10月にはCAPEが40を超えていることから，そろそろ株価が適正水準を超え始めているという警戒感が株式投資家の間で共有されているべきであった。しかし，先に述べたように，現実には，1984年10月に11,253円だった日経平均が，1989年末までにその3倍以上に高騰した。要するに，1980年代後半の期間丸ごと，株価バブルが膨張し，株価暴落のエネルギーが株式市場の水面下で溜め込まれたことになる。

以下に議論するように，2000年代以降の株価の推移を見てみると，実は，日本の株式市場でも米国の株式市場と同様に，投資家はおよそ年5％の利回りを求めてきたのではないかと推測することができる。すなわち，目安となるCAPEは，20前後ということになる。

2003年4月に8,000円を割り込んだ日経平均は，その後，上昇していく。日経平均は，2007年6月に18,000円を超えた。日経平均の水準だけを見れば，1980年代後半の株価水準と比べて高すぎるようには見えないが，CAPEの水準は，その間，目安の上限である40を常に大きく超え，2006年1月には90近くに達した。

1990年代末から2000年代初頭にかけて大きく落ち込んだ企業利潤を反映した長期的な企業収益（P/E比率の分母に相当）に比して，2003年から2007年の株価は明らかに高すぎた。案の定，日経平均は，2007年後半から下落をし始め，2009年2月には7,568円まで落ち込んだ。CAPEも，20台前半まで低下した。

2008年の株価下落は，2008年9月のリーマンショックと呼ばれる米国発の金融危機に原因が求められることが多いが，実のところ，それ以前から株価は適切な水準に比べてそもそも高すぎたのである。

その後，日経平均は乱高下を伴いつつも上昇傾向にあり，2021年末までに30,000円近くまで回復した。しかし，CAPEは，その間，20前後の水準にとどまっていたことから，企業収益の着実な回復が堅調な株価を支えてきたことになる。したがって，企業利潤が落ち込むことになれば，その分，株価も低下する。

こうして見てくると，CAPEが20前後であった1983年と，CAPEが20前半までに落ち込んだ2009年初までの間，東証の株価はずっとバブルを含んでいた。裏を返せば，日本の株式投資家が求める年間収益率も５％程度だったことになる（100%÷５%/年＝20年）。

3．事例研究（その２）：財政危機回避の目安を無視すると…

（1）日銀券ルールとは？

この節では，日本国債，すなわち，日本政府の借金の拡大に歯止めをかけるためのルールとして設けられた日銀券ルールが棚上げにされた結果，あっという間に国債残高が膨張してしまった経緯を振り返ってみたい。

この日銀券ルールは，政府にではなく，日本銀行（以下，日銀という）に課されたルールである。日本銀行が保有できる長期国債（国債のうち，満期年限が１年を超えるもの）の残高の上限は，日銀が発行した銀行券（以下，日銀券という）の残高とするというルールである。ここでいう日銀券とは，１万円札，５千円札，２千円札，千円札といった紙幣を指している。

日本政府が新規に発行した国債は，通常，プライマリー・ディーラーと呼ばれる民間の証券会社や銀行が入札することを通じて消化される。プライマリー・ディーラーが落札をした国債は，さらに広範囲の金融機関，投資家，企業，個人に売却される。もちろん，最初に入札をした証券会社や銀行がそのまま国債を保有することもある。

ここで重要なことは，財政法によって，日銀は，新規に発行された国債を直接引き受けることが禁じられているという点である。戦前（1931

年以降），日銀が政府から国債を直接引き受けたことが放漫財政の原因になった経緯を踏まえて，戦後になって制定された財政法が日銀の国債直接引受を禁じたわけである。

しかし，日銀は，民間銀行がすでに保有している長期国債を買い入れることができる。すなわち，日銀も，民間銀行を経由することになるが，長期国債の受け皿になりうるわけである。すると，日銀が政府の放漫財政を支えてしまうという戦前や戦中の二の舞を踏みかねないことになる。そうしたことにならないような歯止めとして設けられたのが日銀券ルールである。

このように説明を受けると，そのようなルールが歯止めになるのかと反論されることが多い。日銀は，行内の輪転機（実は，国立印刷局の印刷機）で紙幣を好きなだけ刷ることができるのだから，日銀券の発行残高を上限とするといっても，事実上，青天井でないかという疑問が持たれるからであろう。

確かに，日銀の本支店の金庫には，新札がうず高く積まれているし，さらに積み上げることも可能であろう。しかし，日銀の金庫にある日銀券は，発行された日銀券ではない。日銀券は，日銀の本支店の窓口にやってきた民間の銀行員が紙幣を引き出して，はじめて発行されたことになる。

もちろん，民間銀行員は，むやみやたらに紙幣を引き出すのではなく，自らの顧客である企業や個人が必要とする範囲で日銀から紙幣を引き出すわけである。したがって，銀行を通じて市中で流通する日銀券の量が青天井となることはなく，自ずと相応の水準にとどまる。そのようにして決まってくるのが，日銀券発行残高なのである。

それでは，なぜ，日銀が保有できる長期国債の残高上限が日銀券発行残高とされたのであろうか。ここで，日銀券が，実は，日銀の預金証書であることを踏まえると理解しやすいかもしれない。つまり，紙幣を保有している個人や企業が，日銀に預金をしていることになるのである。

このように説明しても，紙幣は「お金」であって，「預金」ではないと考える読者に納得してもらうのは難しいかもしれない。読者は，民間銀行にお金を預けてはじめて預金通帳（今はペーパーレスになったが）がもらえるはずだと反論するかもしれない。そこで，日銀が発行した紙幣という預金証書と，民間銀行が発行した預金通帳を交換することが，民間銀行に「預金する」行為であると考えてほしい。

実のところ，日銀も，銀行なので，預金で預かった資金で投資や融資を行っている。日銀は，日銀券という預金証書を発行することで長期国債への投資の資金を捻出しているわけである。

日銀券は，いったん民間銀行を通じて流通すると，市中に長くとどまることから，非常に長い満期の定期預金証書のような特徴を有していることになる。さらに日銀にとって好都合なのは，日銀券の保有者に利息を払う必要がいっさいない。日銀は，そのような性質の日銀券で得た資金であれば，安心して長期国債に投資することができるというわけである。いずれにしても，日銀は無理のない範囲でしか長期国債を保有しないという日銀券ルールが，国債発行の間接的な歯止めとなってきた。

（2）日銀券ルールを棚上げすると…

しかし，日銀券ルールは，2013年4月に棚上げにされてしまった。ここでは，ルールが棚上げになった複雑な事情は議論しない。日銀券ルールという国債発行の歯止めがいったん外されるやいなや，日本政府は，膨大な規模で発行された長期国債の受け皿として日銀に大きく依存することになった経緯だけを見ていこう。

図11－3は，日銀券残高（折れ線），日銀が保有する長期国債残高

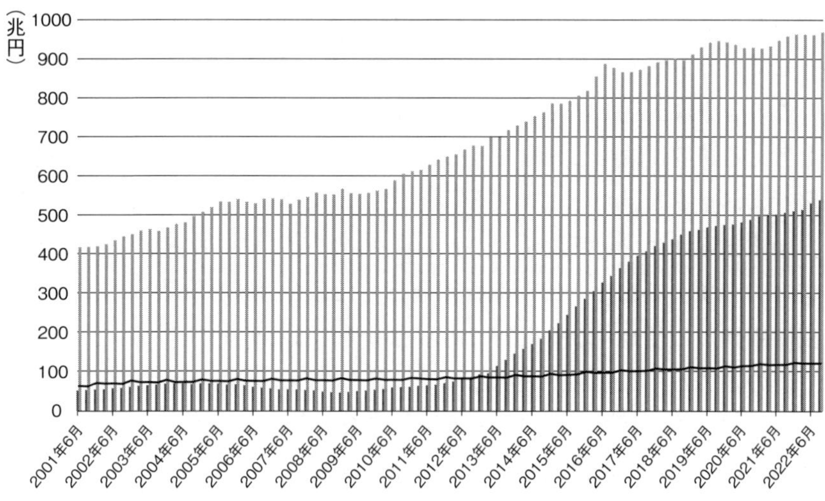

図11－3　日本銀行券残高と日銀が保有する長期国債残高（日本銀行）

（左側の棒線），そして政府が発行した長期国債残高（右側の棒線）について四半期ごと（３か月ごと）の推移を描いたものである。

日銀は，2012年６月末まで日銀券ルールを忠実に守ってきた。しかし，2012年９月末には，日銀保有の長期国債残高，81.7兆円が，日銀券残高，80.9兆円を上回ってしまった。したがって，2013年４月の日銀券ルールの棚上げは，現状追認だったことになる。

日銀券残高に対する日銀保有の長期国債残高は，2013年３月末に83.4兆円に対して91.3兆円だったが，2015年末に98.4兆円に対して282.0兆円，2020年末に118.3兆円に対して494.3兆円，そして，2022年９月末に120.2兆円に対して536.5兆円にまで膨張した。

2013年３月末から2022年９月末までの間に，日本政府は，長期国債発行を269.8兆円も積み増したが，日銀保有の長期国債残高はそれ以上の445.1兆円も拡大した。その結果，日銀保有の長期国債残高が長期国債発行残高に占める割合は，13.1％から55.5％に急上昇した。日銀券ルールを棚上げにした日銀は，長期国債の発行残高の半分以上を保有するまでに突き進んでしまった。

日銀券ルールが守られている状態を平生の状態とすると，2022年現在の日銀は，プラスチックの物差しが大きくたわんだままの状態にあることになる。

（3）今後どうなるのであろうか？

ところで，日銀券ルールを棚上げにした日銀は，長期国債への投資資金をどのように捻出してきたのであろうか。先に述べたように，日銀券ルールが守られているかぎりは，紙幣を保有している者からの預金が長期国債投資の資金となる。

日銀券ルールが破られて，日銀保有の長期国債残高が日銀券残高を上回る部分については，実は，民間銀行が日銀の当座預金（正確には，超過準備預金と呼ばれる日銀当座預金の大部に相当する）に預けている資金が充てられている。ただし，日銀券は決して利息の付くことがない預金であるのに対して，超過準備預金には利息が付く。

2023年2月末現在のところ，市場の短期金利がほぼ0％であることから，超過準備預金にも，預けられた時期に応じて，年0.1％，0％，−0.1％（マイナスの金利もある）のほんのわずかな利息が付けられているにすぎない。日銀にとって預金者に利息を支払う負担がほとんどないという点では，日銀券と超過準備預金に違いがないことになる。

しかし，今後，短期金利が上昇すれば，超過準備預金にも相応の利息が付される可能性もある。**図11－4**が示すように，執筆時現在のゼロ近傍（年0.5％未満の金利）の短期金利（ここでは，翌日物コールレートと呼ばれる短期金利を用いている）は，1995年10月以降継続してきた

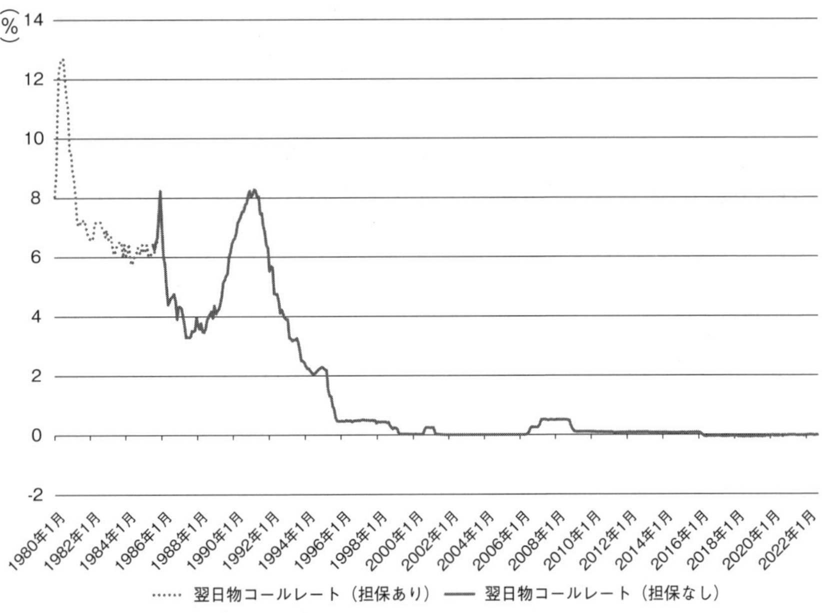

図11－4　短期金利（翌日物コールレート）の推移（日本銀行）

が，1995年１月の短期金利は，実は，年２％を超えていた。さらに遡ると，短期金利は，1992年10月に４％を，1991年６月に８％をそれぞれ超えていた。1980年７月の短期金利は，なんと12.7％であった。

四半世紀を超えるタイムスパンで見ると，ゼロ近傍の短期金利が必ずしも平生の姿とはいえないのである。

例えば，短期金利が年１％となって，超過準備預金にも１％の金利が付されたとしよう。2022年９月末時点の日銀保有の長期国債残高，536.5兆円のうち，日銀券で120.2兆円，超過準備預金で416.3兆円の資金が捻出されていた。後者の400兆円強の預金に１％の金利が付くと，日銀には４兆円を超える利息支払い負担が生じる。日銀の2021年度の剰余金（企業収益に相当するが，すべて政府に納付される）は1.3兆円だったことから，日銀は，利息支払いで年間収益が吹き飛んでしまうことになる。

本章を執筆している2023年2月末現在，10年以上にわたって日銀券ルールをあからさまに棚上げにしてきた日銀の保有する長期国債残高は，プラスチックの物差しが大きくたわんだままの状態になっている。今後，その物差しが，依然としてたわんだままであり続けるのか，あるいは，日銀の収益を吹き飛ばす威力のある短期金利の上昇で，物差しのたわみが一挙に戻ることになるのか（日銀は，日銀券ルールを満たすレベルまで長期国債を一挙に売り切ってしまうのか），あるいは，物差し自体がパキッと割れてしまうのか（日銀は，巨額の利息支払いで資金繰りがつかなくなるのか）よくわからない。

国土強靭化に向けて自然災害や環境危機への対策に青天井で財政出動をすべきであるという政策主張では，その財源として発行された国債が日銀によって最終的に引き受けられることが想定されている。しかし，国家の国債発行がある限度を超えてしまうと，私たちの社会は，財政危機の可能性を抱え込んでしまいかねない。

読者には，社会で共有すべき目安や社会で定めたルールをいったん棚上げにすると，社会の個人や集団が暴走し始めることを，本章の第2節や第3節の事例で理解してほしい。不幸にして，そのようなことになれば，私たちの社会は，経済危機に対しておそろしく脆弱になってしまうのである。

☆参考文献については，第9章であげた参考文献を参照にしてほしい。

12　地球環境・生態系：生物・生態系のレジリエンス

山野　博哉

《**目標＆ポイント**》 環境変化に対する生物・生態系の応答から，生物・生態系が持つレジリエンスについて紹介する。生物・生態系のレジリエンスの理解は，人間社会のレジリエンスの理解に対する示唆を与えるとともに，人間社会を支える生態系の保全策の立案にも貢献する。
《**キーワード**》 環境変化，気候変動，社会・生態システム，順化，適応，分布変化，レジームシフト

1．社会・生態システムと生物・生態系のレジリエンス

SDGsウェディングケーキ（**図12－1**）をご存知だろうか。持続可能な開発目標（Sustainable Development Goals; SDGs）の17個の目標を並べ替え，社会，経済を生物圏が支えていることを示した図である。最近では，生物・生態系と社会は密接な相互作用を持つ社会・生態システムを形成していると考えられるようになった。現在，人間活動が増大し，生物や生態系はさまざまな危機にさらされている。生態系が劣化すると，生態系が我々に与える恩恵（生態系サービス）が低下し，その結果として，社会や人間そのものに対する悪影響が生じる（**図12－2**）。環境変化のもとで社会・生態システムを健全に維持するためには，生物・生態系のレジリエンスを理解し，レジリエンスを確保することが必要である。人間活動が引き起こす過剰な利用（乱獲），侵入種，汚染，気候変動，

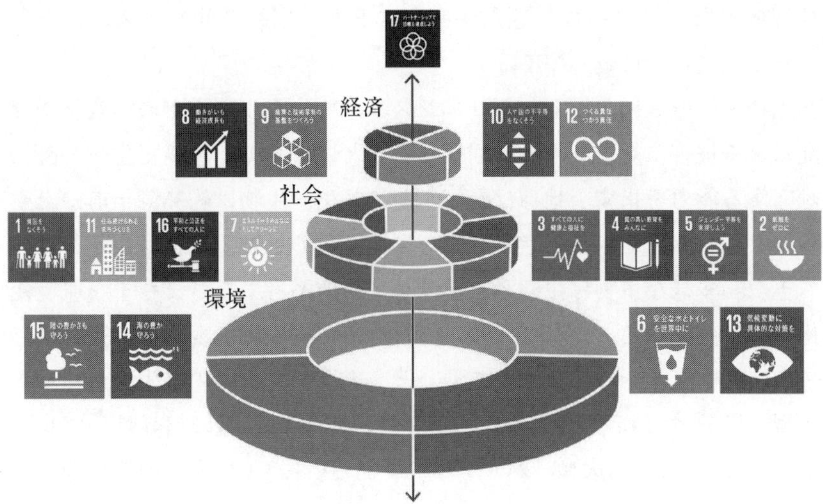

図12－1　SDGs ウェディングケーキ
（https://www.stockholmresilience.org/research/research-news/2016-06-14-the-sdgs-wedding-cake.html）

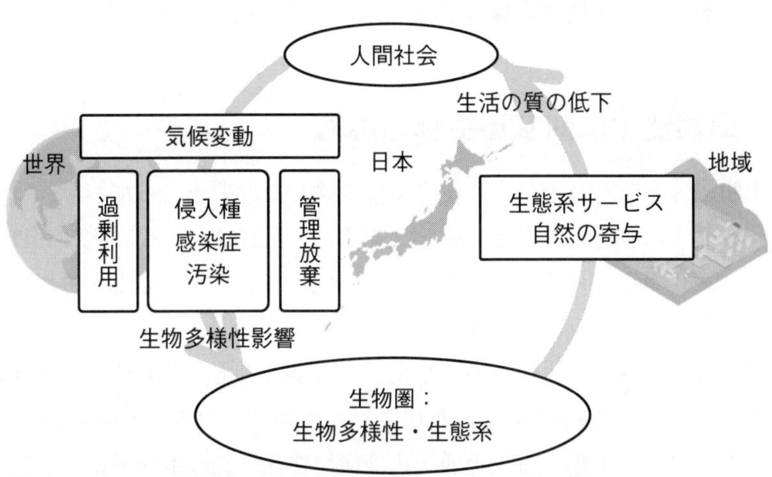

図12－2　社会・生態システムにおける，人間活動の生態系への影響とそのフィードバック（著者作成）

管理放棄などによって生態系が劣化すると，生態系サービスの低下となって人間社会に返ってくる。

生物・生態系におけるレジリエンスは，生物や生態系が環境変化や撹乱による被害に対して迅速に回復することによって，環境変化や撹乱に対応する能力を指す。地球は45億年前に誕生，生物は約35億年前に誕生したとされる。その後，さまざまな環境変化のもと，生物は進化を行ってきた。多様な生物は生態系を形成し，生態系もまたさまざまな環境変化のもと変化してきた。こうした応答をもたらす環境変化は，長期的で一方向的な変化を行う「プレス型」と，突発的な事象の発生する「パルス型」に分けられる（第14章）。例えば，年平均気温の上昇は「プレス型」，地震や火山噴火は「パルス型」である。「パルス型」の環境変化は撹乱とも捉えられ，生物・生態系に短期的に大きな影響を与えることは容易に想像できる。また，「プレス型」の変化が継続すると，生物がもともと持っている許容範囲を超えてしまうということもありうるであろう。本章では，環境変化に対する生物・生態系の応答を紹介し，レジリエンスをもたらす要因を探っていく。

2. 環境変化に対する生物の応答

生物は，それぞれの生息・生育環境に適した性質を持っており，環境変化に対する生物の反応は，順化，進化と分布変化の３つに主に分けられる。順化や進化は主にその場で起こる反応であり，分布変化は空間的な移動をともなう反応である。

順化とは，個体の生涯の期間で生じる環境に対応した変化で，生物が温度，光などの気候や環境の変化に対して生理的に順応することを指す。順化によって起こる生理的変化は環境変化に比較的速やかに応答し

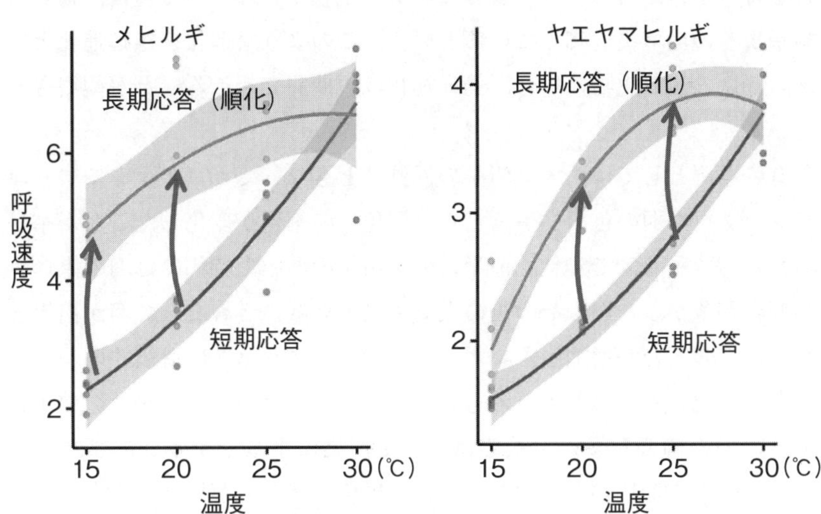

図12－3　マングローブ植物（メヒルギとヤエヤマヒルギ）の低温への順化
（Inoue *et al.*（2023）より作成）
栽培を長期続けると順化が起こり活性（呼吸速度）が回復する。

て起こり，可逆的である。**図12－3**はマングローブ植物が低温に順化している例である。環境を変化させると活性が下がるが，一定期間その環境で栽培することによって順化が起こり，活性が回復することが示されている。こうした順化には新規の遺伝子発現や細胞内のプロセスが関わっている。

進化は，「変異・自然淘汰・遺伝」という3つのステップを経て，何度も世代を経ることで，特徴が変化する現象を指す。遺伝的変異により，集団の中に特徴の異なる個体が存在することを考えてみよう。その集団の中では，生存に有利な形質の個体が淘汰の結果生き残って成体になり，次の世代に子孫を残す。そして，その形質が遺伝すると生存に有利な形質を持つ個体の割合が増え，集団中のほとんどが生存に有利な形質を持つ個体で占められるようになる。現在生存している種は，進化の結果現在の環境に適応しているといえ，このような進化を適応進化と呼ぶ。寿命の短い生物の場合，適応進化は短期間で起こることが観察されている。

有名な例としては，大気汚染の低減にともなってガ（オオシモフリエダシャク）の羽の色（白黒まだらと黒色）の割合が変化したことが挙げられる。イギリスで20世紀前半に大気汚染のあった時代には羽の黒いガの割合が多かったが，その後の大気汚染の低減にともなって羽が白黒まだらのガの割合が増加した。オオシモフリエダシャクは遺伝的に羽の色が白黒まだらのものと黒色のものの２タイプが存在する。20世紀前半に黒色の羽の割合が多かったのは，大気汚染によってオオシモフリエダシャクの止まる枝が黒色化したため，黒色の羽の方が目立たず鳥などに食べられにくいからと推測された。その後の大気汚染の低減によって枝の色が淡色化すると，白黒まだらの羽の方が捕食されにくいため，その割合が増えたというわけである。他にも，1960年代から2000年代までの水温上昇にともなって高温に耐性を持つミジンコの割合が増加した例など，いくつかの例が示されている。

分布の変化は，その生物の生育・生息に適した場所が大きく繋がり広がっている場合や，その生物が高い移動・分散能力を備えている場合の反応である。過去から現在にかけての気温や水温上昇によって生物の分布域が変化していることが多数報告されている。環境変化は順化によって対応できる範囲を超えることもしばしばあるため，生物が長期にわたって存続するためには，分布域を変化させるか，進化するしかない。

3．環境変化に対する生態系の応答

生態系は，非生物的環境と生物群集が相互作用して形成されてきたシステムであり，それらの相互作用やフィードバックの結果として成り立っているものである。そのため，生態系を構成する生物的特性あるいは環境要因のうちのひとつあるいはいくつかが変化をすると，それに伴い生態系全体も変化すると考えられている。生態系においては，生物と環境の間だけでなく，生物の種の間にも関係が生じるため，環境変化に対する応答は複雑になる。

環境変化に対する生態系の応答には生物多様性が大きく関わっている。生物多様性が高いと，物質生産などのさまざまな機能を持つ生物が多種存在するとともに，環境変化に対してさまざまな応答を示す生物も多種存在する。これら両者が重なり，機能が共通する種が複数存在し，それらの応答に相違があることにより，撹乱などの環境変化が生じても，特定の機能群（似た生態的特性を有した種の集まり）が生態系から欠落することを回避でき，生態系の機能が維持される。さらに，多様な生物が存在することにより，潜在的機能群が存在する可能性が高まる。生態系が撹乱から回復する場面では，安定期にある生態系においては機能が低い生物が大きな役割を果たす場合や，特定の生物がそれまでとは異なる機能を発揮して生態系の回復を助ける場合があることが知られている。サンゴが優占していた海中において，大型藻類を繁茂させたケージを設置して自由に魚が出入りできる状態を作ると，いったん大型藻類が優占した後にサンゴが優占する状態に回復する場面では，安定したサンゴ礁では個体数が少なく機能も不明瞭だった魚類がもっとも重要な役割を果たすことが知られている（第13章）。

上記のように，生態系は環境変化に対してレジリエンスを持っていると考えられている。個々の生態系は，多少の揺らぎはあるものの，ある一定の状態を動的に維持している。しかし，「プレス型」の環境変化が進行し増大すると，少しの撹乱（「パルス型」の環境変化）が加わることで，生態系がこれまでとは異なる状態へと突然に推移してしまうことがある。このような生態系の劇的な状態変化は，生態系レジームシフトと呼ばれる。

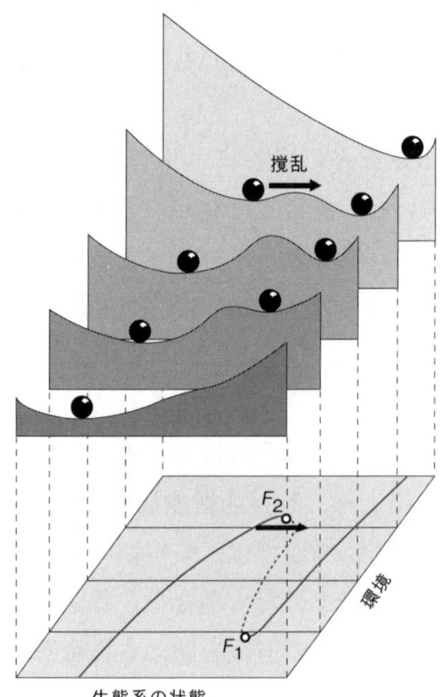

図12－4　レジームシフトの概念図（Scheffer *et al.*, 2001）

生態系の状態をボールで表している。安定な状態にある生態系（手前）のボールは撹乱を受けても元の場所に戻るレジリエンスがある。しかし，環境変化と撹乱によって，別の安定状態に移動し，レジームシフトが起こる（奥）。いったん別の安定状態になると，環境が改善しても元の状態に戻りにくくなる（下のグラフ）。

図12－4にレジームシフトの概念図を示す。谷の幅や深さがレジリエンスを示しており，環境変化によってレジリエンスが小さくなると，一気に別の状態に移行してしまい，環境を元の状態に近づけてもなかなか元の生態系に戻らない。こうしたレジームシフトの例は，富栄養化にともなう湖の生態系の変化や，藻を食べる魚の乱獲など複合的な要因によるサンゴ礁生態系の変化（第13章）などが相当すると考えられている。

従来とはまったく異なる種の組み合わせや物理的環境からなる生態系は，「ノベル（新奇な）生態系」と呼ばれる。都市の造成地などにおいて異なる原産地の植物種が混生している群落はノベル生態系の典型的な例であるが，レジームシフトによってその場所にノベル生態系が形成されることや，気温や水温上昇によって生物の分布域が変化し，別の場所でノベル生態系を形成することも考えられる。ノベル生態系は，温度上昇に対しては，高緯度への分布変化がその生物にとって高温からの避難地となるという保全上重要な役割を果たす一方で，外来種によって成立する場合もあり，慎重に評価を行っていく必要がある。第13章で紹介するように，こうしたノベル生態系は，今後の人間社会のレジリエンスを考える上で重要な視点を提供する可能性がある。

4．生物・生態系のレジリエンスを高めるために

先に，環境変化は，長期的で一方向的な変化を行う「プレス型」と，突発的な事象の発生する「パルス型」に分けられることを述べた。「パルス型」の環境変化は短期的に生物・生態系に直接的な影響を与えるが，レジームシフトは，「プレス型」の環境変化が生態系の大きな変化の背景にあり，「プレス型」の変動が進行するほど「パルス型」の変動の影響がより深刻になることを示している。「プレス型」の環境変化を

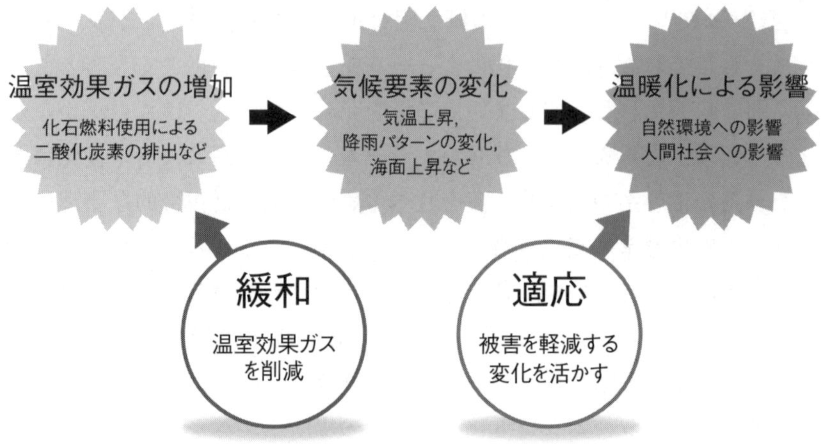

図12－5　気候変動に対する緩和策と適応策（国立環境研究所）

抑制するとともに，複合的な影響を低減して生物多様性保全を行うことが重要である。

プレス型の環境変化の代表例は，気候変動がもたらす平均気温や水温の上昇である（第14章）。気候変動への対策は「緩和策」と「適応策」に分けられ（**図12－5**），緩和策は気候変動の進行を遅らせ，止めるための取り組みであり，温室効果ガスの排出削減，森林や湿地などでの炭素吸収・蓄積量の増大，再生可能エネルギーの導入が該当する。「プレス型」の年平均気温の上昇をおさえるには，緩和策を推進する必要がある。生物の順化についての理解を深め，順化の範囲を超えないように緩和することが目標として考えられるだろう。一方，レジームシフトに関しては，レジームシフトの兆候を検出するための指標種を求める研究が進んでいる。こうした研究の進展により，レジームシフトをもたらす条件が明らかになるかもしれない。

この場合の「適応」は，人間社会が気候変動影響に能動的に対処するための方策を指し，「変異・自然淘汰・遺伝」という3つのステップを経て起こる生物の適応進化とは異なる。

一方，気候変動は進行中であり，適応策はすでに現れている気候変動の影響や将来的に避けられない気候変動の影響に対して，自然や人間社会のあり方を調整することによって被害を回避・低減する取り組みである。気候変動に対する生物多様性保全は自然生態系分野における気候変動適応と捉えられる。その中では，生態系は気候変動に対応して全体として変化するため，これを人為的な対策により広範に抑制することは不可能であることを基本的考え方としつつも，気候変動に順応性の高い健全な生態系の保全・再生として，気候変動の影響が少ない地域の特定と優先的な保全，気候変動以外のストレス低減，移動・分散経路の確保，生態系ネットワークの形成が重要であるとされている。対象とする生物の特性に基づく分布域の変化予測を行い，気候変動以外のストレス低減などによる気候変動下での生物多様性保全を進め，生態系のレジリエンスを高める方策が「国立公園などの保護区における気候変動への適応策検討の手引き」として環境省・国立環境研究所によりまとめられている（図12－6）。

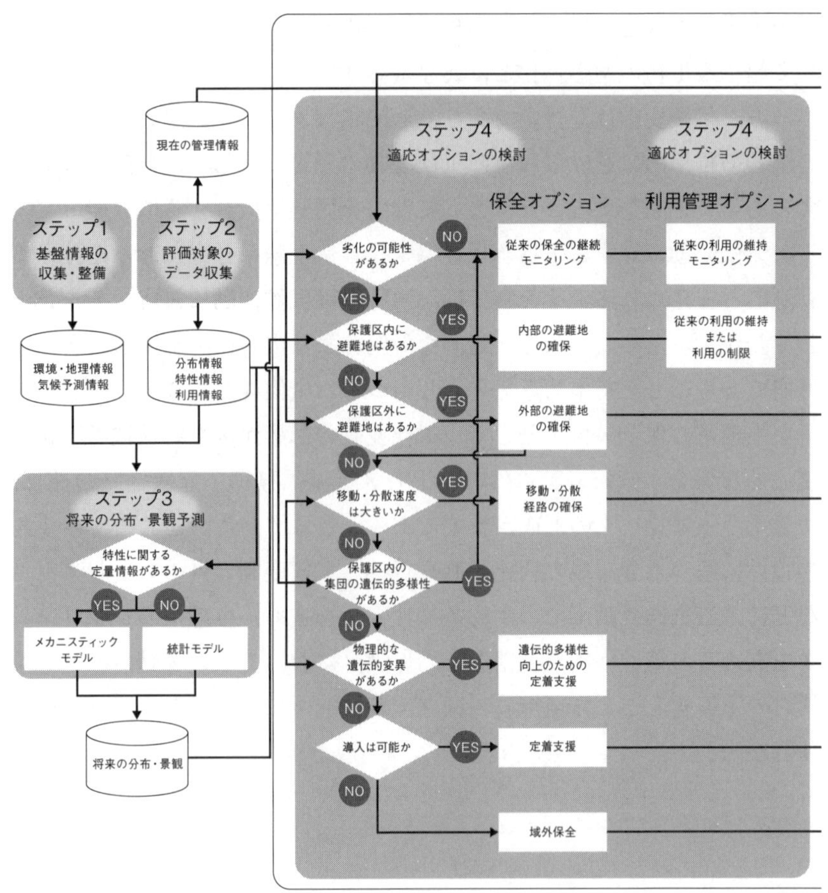

図12－6　気候変動影響下での生物の保全策（適応策）を立案し実施するため

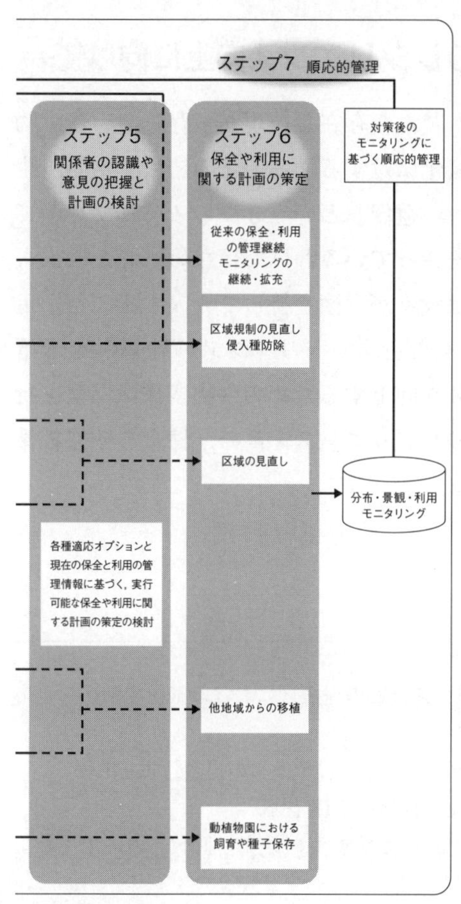

の手順（環境省・国立環境研究所，2019）

基盤情報の収集・整備，評価対象のデータ収集，将来の分布・景観予測，適応オプションの検討，関係者の認識や意見の把握と計画の検討，保全や利用に関する計画の策定，順応的管理の一連の７つのステップで，分布変化予測に基づいて保全策を立案し実装する。将来の分布・景観予測には生物や生態系の特性情報（評価対象のデータ収集）が非常に重要であり，生物・生態系の応答やレジリエンスの理解が必要である。

5．社会・生態システムのレジリエンス向上に向けて

生物・生態系は人間よりはるか昔から存在し，現在生存している生物やそれが形成する生態系は環境変化に対する適応進化の結果である。生物の適応進化は「変異・自然淘汰・遺伝」という3つのステップを経て起こるもので，生物自身が意図を持っているわけではない。しかし，人間社会の環境変化に対する適応は我々が意図を持って介入することが可能である。生物の応答とそれがもたらすレジリエンスの仕組みを理解し，生物・生態系のレジリエンスを向上するための生物多様性保全を行うことは，社会・生態システムのレジリエンスを高め，健全性や持続性を保つことにつながるはずである。

参考文献

環境省・国立環境研究所（2019）国立公園などの保護区における気候変動への適応策検討の手引き　環境省自然環境局

高村典子編著（2009）『生態系再生の新しい視点　湖沼からの提案』共立出版

二河成男（2017）『生物の進化と多様化の科学』NHK 出版

西廣淳（2017）生態系のレジリエンスと生物多様性：「変動の時代」の応用生態工学に向けて　応用生態工学，20，137-142

西廣淳他（2022）気候変動適応策としての「適応力向上型アプローチ」保全生態学研究，27，315-322

Inoue *et al.* (2023) Temperature dependence of O_2 respiration in mangrove leaves and roots: implications for seedling dispersal phenology. *New Phytologist*, 237, 100-111

Scheffer *et al.* (2001) Catastrophic shifts in ecosystems. *Nature*, 413, 591-596

13　地球環境・生態系：サンゴ礁から考える

山野　博哉

《**目標＆ポイント**》 過剰な人間活動により急速に変化しているサンゴ礁を例に取り上げ，サンゴとサンゴ礁生態系のレジリエンスを紹介する。その上で，気候変動により変化するサンゴ礁のレジリエンスを高めるための保全策を紹介する。こうした生態系の変化は広範に起こるため，保全を進める一方で，変化する生態系に人間社会が対応していく必要があり，生態系の変化は人間社会のレジリエンスにも関わってくる。

《**キーワード**》 サンゴ，サンゴ礁，気候変動，白化，レジームシフト

1．サンゴ礁と人間社会が織りなす世界

サンゴ礁は，地形学的には造礁サンゴ（以下，サンゴ）をはじめとする石灰化生物が積み重なって作り上げた防波構造を持つ地形であるとともに，そこに棲息する多様な生物を含む生態系全体を指す言葉としても用いられる。サンゴは，褐虫藻と呼ばれる微細藻類を共生させており，それが光合成を行うことによって一次生産を担う，生態系の基盤となる生物である。また，サンゴは骨格を形成し，立体的な構造を持つため，多様な生物のすみかとなる（**図13－1**）。こうしたことから，サンゴ礁は地球表面のわずか0.1%を占めるのみであるが，そこには約９万種の生物が生息している。生物多様性の場としての重要性に加え，サンゴ礁は人間に漁業や観光などの資源を提供したり，また天然の防波堤となるとともに居住地を提供したりする重要性を持っている。例えば，モル

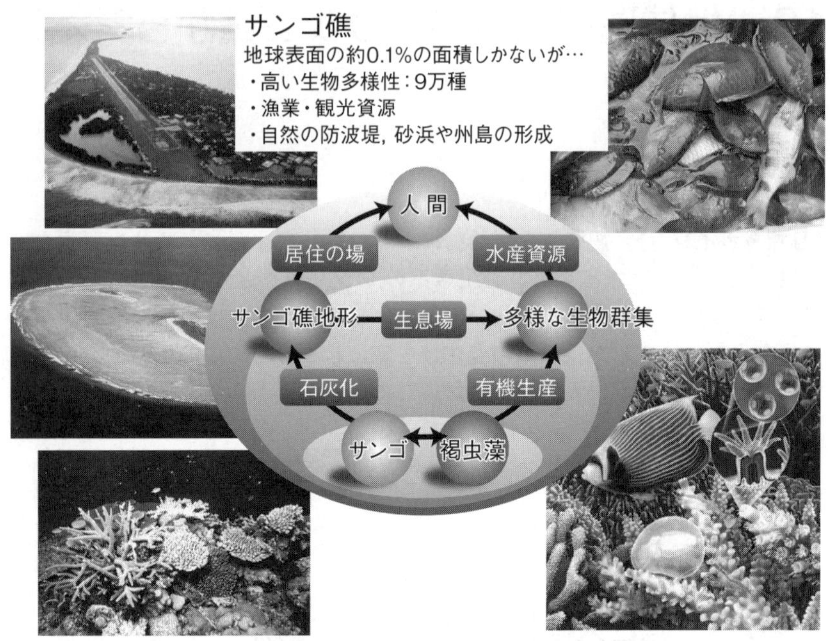

図13－1　サンゴとそれに共生する褐虫藻が形成する，サンゴ礁地形・生態系と人間社会との関わり（作成：茅根　創）

ディブやツバルなど国土のすべてがサンゴ礁起源の堆積物からなる島嶼（しょ）国も存在する。サンゴ礁は人間にも密接につながった生態系であるといえる（**図13－1**）。

サンゴ礁の形成には最寒月の平均水温が18度以上であることが必要と考えられている。日本はサンゴ礁とサンゴ分布の北限域にあたり，緯度の増加に従ってサンゴ礁の規模は小さくなる。最寒月の平均水温が18度である鹿児島県種子島周辺以北ではサンゴ礁は基本的には形成されない。ただし，最寒月の平均水温が13度の長崎県壱岐と対馬にサンゴ礁の形成が認められており，これらは世界最北のサンゴ礁である。サンゴ礁は形成しなくとも，日本海側では新潟県佐渡島，太平洋側では千葉県までサンゴの分布が確認されている。サンゴは，熱帯から温帯まで広く分布し，沿岸の生態系を構成する重要な生物なのである。

2．地質的〜現在の変遷から見た現在のサンゴ礁の複合危機

現在，過剰な人間活動によりサンゴ礁は急速に衰退しつつある。地球規模での要因としては，温室効果ガスの排出による気候変動がある。水温上昇はサンゴと褐虫藻の共生関係を損ない，サンゴから褐虫藻が放出されたり褐虫藻自体が劣化したりしてサンゴの白化現象を招く（**図13－2**）。白化したサンゴは褐虫藻からの光合成生産物を得ることができずいずれ死んでしまう。1998年夏の高水温で世界中のサンゴが白化し，地球温暖化との関連が盛んに議論されるようになった。2016年にも高水温

図13－2　沖縄県八重干瀬で2016年夏の高水温により白化したサンゴ（写真：日本全国みんなでつくるサンゴマップ）

により世界規模での白化現象が起こった。また，二酸化炭素が海水に溶け込んで起こる「海洋酸性化」は，サンゴの石灰化を阻害してサンゴの衰退を招く可能性が高い。実際に，海底から二酸化炭素が吹き出している海域では，サンゴの分布が観察されない。

一方，地域規模の要因もサンゴに大きな影響を与えている。沖縄では，1972年の日本復帰以降，土地開発により陸域から土砂（赤土）が海域に大量に流れ出し，赤土が積もってサンゴが大量に死んでしまった。この状況を受け，沖縄県は1995年10月に「沖縄県赤土等流出防止条例」を施行し，工事現場からの赤土流出が規制されるようになったが，農地からの赤土流出はまだ観察されており，依然問題は続いている。また，海岸の埋め立てはサンゴ礁の直接的な破壊をもたらす。他には，藻類を食べる魚の乱獲が背景となって大型藻類が増加し，結果としてサンゴが減少し，レジームシフト（第12章）が起こった例もある。

これまでの環境とサンゴの変遷をふりかえると，現在のサンゴ礁の危機の深刻さをより深く理解することができる。サンゴは約５億年前に出現したと考えられており，これまでサンゴは減少と回復を何度か繰り返している。このサンゴの減少は水温上昇と関連している（**図13－3**）。２億5200万年前のペルム紀末期と２億100万年前の三畳紀に水温上昇が起こり，サンゴの大規模な絶滅が起こった。後者では４万年間に８－10℃の水温上昇が起こり，これは100年間で0.02－0.025℃の水温上昇に相当する。その後は，5500万年前の暁新世から始新世にかけて１万年間に５℃の水温上昇，すなわち100年間で0.05℃の水温上昇が起こり，サンゴが激減した。その後の始新世の高水温の環境下でサンゴが回復したことを考えると，水温の絶対値より水温変化の方がサンゴの存亡に重要だと考えられる。第四紀においても，13万年前から11万5000年前にかけての最終間氷期において水温が現在より高かったことが明らかになっているが，サンゴの減少は観察されていない。

こうした過去の水温上昇と比較して最近の水温変化はどの程度なのであろうか。サンゴが主に分布している熱帯域においては，産業革命以降に100年間で0.3－0.4℃の水温上昇が起こった。日本近海においては気象庁による観測がなされており，過去100年間でサンゴの分布する海域で約１℃の水温上昇が起こっていることが明らかとなっている。白亜紀の温暖期や最終間氷期と比べると現在の水温の絶対値は小さいが，産業革命以降の水温上昇速度はこれまでより一桁以上大きく，サンゴが出現して数億年間で最も大きい速度である。さらに，将来予測では，このまま温室効果ガスの排出を続けると，今世紀末に現在より最大４℃水温が上昇する可能性がある（**図13－3**右下の RCP8.5の場合）。過去の記録は断片的なので，まだ捉えられていない急激な水温上昇は過去にもあったかもしれないものの，サンゴはかつてない水温上昇速度にさらされている可能性は充分にあるだろう。

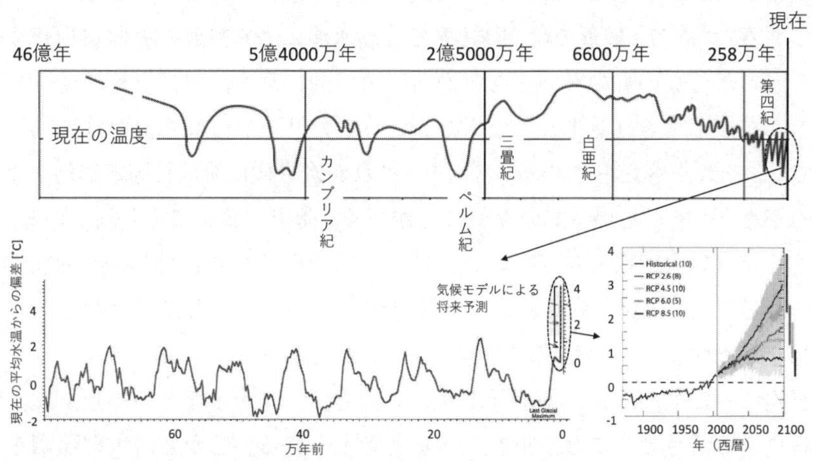

図13－3　過去から現在，将来にかけての温度変化（Frakes, 1979; Shakun *et al*., 2015；Bopp *et al*. 2010）

3．サンゴとサンゴ礁生態系が持つレジリエンス

こうした変化に対して，サンゴやサンゴ礁生態系はどのようにレジリエンスを確保しているのであろうか。その一端を紹介しよう。

世界を見渡してみると，水温が他より高い海域がある。紅海やアラビア海である。最近の研究によって，アラビア海に生息するサンゴに共生する褐虫藻は他の地域のものとは別の種類で，高水温に耐性がある可能性が明らかとなった。褐虫藻の違いが高水温への耐性をもたらしている可能性がある。サンゴはさまざまな種の褐虫藻と共生関係を結ぶことが知られており，それを元に生まれたのがサンゴの適応白化仮説である。サンゴは高水温下で白化することによって，高水温耐性の低い褐虫藻を放出し，高水温耐性が高いストレス耐性のある褐虫藻に入れ替えて，高水温耐性を獲得するというものである。この仮説は，サンゴが白化後に褐虫藻を再獲得して回復するレジリエンスを持っているとともに，白化現象がサンゴが水温上昇に対する適応進化の過程であることを示すものである。さらに，最近では，同じ種でも高水温にさらされたときに白化するものとしないものがいることから，遺伝的に高水温耐性を持つサンゴの存在が示唆されるようになった。こうしたサンゴの高水温耐性に関しては，それをもたらすメカニズムや，それが次世代に遺伝し適応進化するのかなど，まだわかっていないことが多く，研究が盛んになされている。

サンゴ礁生態系のレジリエンスには，第12章で紹介した潜在的機能群（安定期にある生態系においては機能が低いが，ある条件では大きな役割を果たす生物）の存在が関わっているかもしれない。レジームシフトが起こって大型藻類が増加したサンゴ礁では，ブダイなどの藻類を食べる魚を復活させることが重要であると考えられる。しかし，大型藻類をサイズが大きくなるまで人為的に繁茂させたケージを海中に設置する

と，ブダイではなく，ふだんは藻類を食べないアカククリがその大型藻類を食べ，減少させることが観察された。すなわち，ブダイは，サンゴが優占する定常時の状態では，成長しようとする大型藻類を食べて繁茂を防ぎシステムを保つが，レジームシフトが起こって大型藻類が育ってしまった状態では機能しない。その代わりに，アカククリが大型藻類を食べるようになるのである。このアカククリが潜在的機能群に相当し，サンゴ礁生態系はレジリエンスを発揮するのである。

また，空間的にサンゴ礁生態系はレジリエントな構造を持つ。サンゴは産卵し，受精して発生した幼生が海流によって離れた海域に運ばれてそこで定着する。そのため，ある場所でサンゴが死んでも，他のサンゴが生残している海域からサンゴ幼生が運ばれて定着し，回復を促進する。このことにより水温が上昇し続けた場合，分布を速やかに高緯度に

図13－4　千葉県館山に分布北上したサンゴ（エンタクミドリイシ）と，それに共生するサンゴガニ（写真：中井達郎）
いずれも分布北限記録である。

移動させることが可能である。日本においては，熱帯性のサンゴが急速に北上して温帯に分布域を拡大していることが明らかとなっている。さらに，サンゴの北上に伴ってサンゴに生息している生物の分布も拡大しており，新たな生態系（ノベル生態系，第12章）が温帯域に形成されつつあるのかもしれない（図13－4）。

4．サンゴ礁生態系のレジリエンスを高めるための介入

かつてない急激な環境変動を考えると，サンゴ礁の保全は喫緊の課題である。とくに，広域でサンゴ白化などの変化をもたらしている気候変動への対処が必要である。

日本の緯度勾配に沿った日本各地のサンゴの分布を比較すると，サンゴ分布と水温など環境要因の関係を明らかにすることができる。それに基づいて気候モデルの出力結果を用いて将来のサンゴ分布可能域の予測を行うと，このまま二酸化炭素を排出し続けた場合，2070年代には日本周辺でサンゴの分布可能な海域が無くなってしまうという悲観的な結果となった。しかし，二酸化炭素の排出をおさえると，気候変動の影響が低減され，琉球列島でサンゴが分布可能であることが示された。すなわち，サンゴの将来は二酸化炭素の排出に大きく影響され，排出削減という気候変動の「緩和策」（第12章，第14章）がサンゴ保全に効果的であることを強く示している。しかし，すぐに二酸化炭素の排出を減らすことは不可能であり，気候変動は進行するため，気候変動の影響の少ない海域を絞り込み，優先的な保全を行う「適応策」が必要とされる。

自然生態系分野の適応策では，気候変動に順応性の高い健全な生態系の保全・再生として，**①気候変動の影響が少ない地域の特定と優先的な保全，②気候変動以外のストレス低減，③移動・分散経路の確保と生態系ネットワークの形成**が重要であるとされている（第12章）。

①気候変動の影響が少ない地域の特定と優先的な保全に関して，サンゴ礁においては，地形や潮通しにより水温が将来も上がりにくい場所を特定することができる。そこに保護区を設けることによってサンゴが回復する可能性がある。漁獲を禁止した保護区では，藻類を食べる魚が増加し，サンゴが回復したことが示されている。

②気候変動以外のストレス低減に関しては，陸域からの土砂流入を減らすことが考えられる。定点でのサンゴ被度のモニタリング結果に基づき，陸域からの赤土流入の有無に着目して各地のサンゴ分布の変化を比較すると，河川から土砂が流入しているサンゴ礁では1998年の白化現象でサンゴが減少した後回復が見られないのに対し，河川が無く赤土流入

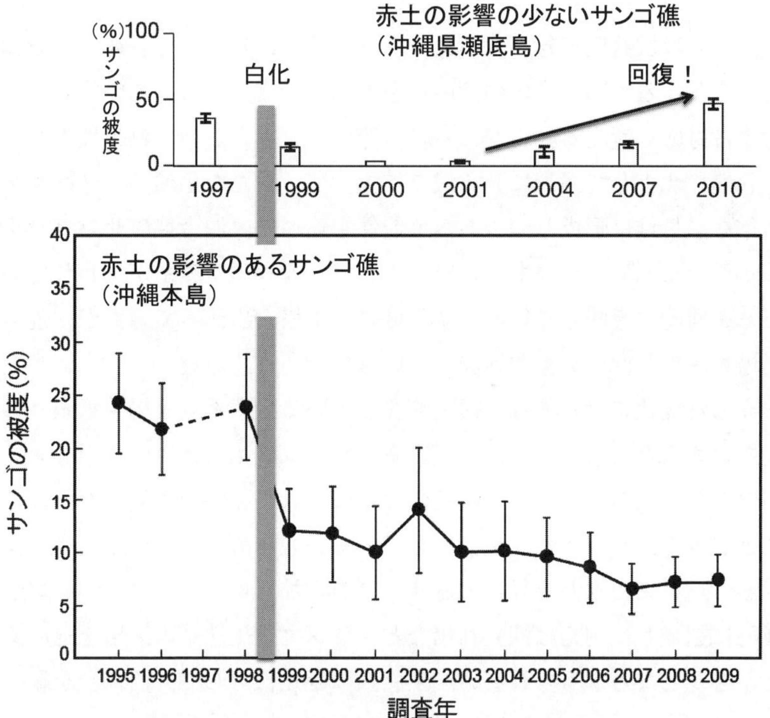

図13－5　赤土流入の少ないサンゴ礁と，赤土流出の影響のあるサンゴ礁での，1998年の白化現象後のサンゴ被度の違い

(van Woesik *et al.*, 2011; Hongo and Yamano, 2013)

が少ないと考えられるサンゴ礁では，白化現象後に白化現象前の水準にサンゴが回復していた（**図13－5**）。このことは，水温が上昇して白化現象が起こったとしても，陸域での土砂流出の削減によりサンゴのレジリエンスが保たれる可能性を示唆している。

③移動・分散経路の確保と生態系ネットワークの形成に関しては，空間的なレジリエンスの向上をもたらす。卵や幼生の供給源となっているサンゴ礁を①や②の方法によって保全することが，幼生が流れ着く先のサンゴ礁の回復に貢献するであろう。

5．生態系の変化と人間社会のレジリエンス

気候変動は広範囲で起こる現象であり，それに対応して生態系は全体として変化するため，上記の適応策を進めつつも，変わっていく生態系に対する対応を考える必要がある。3節で，日本において熱帯性のサンゴが急速に北上して温帯に分布域を拡大して，新たな生態系（ノベル生態系）を温帯域に形成しつつある可能性を述べた。温帯域にサンゴ礁生態系が新たに成立しつつあるということは，既存の生態系が失われていくことを同時に意味している。温帯域には藻場が広がっていたが，近年は藻場が減少し，サンゴが増加しているのである。

こうした変化に対しては，従来存在している生態系（藻場生態系）の保全を進めるとともに，新たな生態系（サンゴ礁生態系）の活用を考える必要があるだろう。海の中の変化は目にふれにくいため気づかれにくいことが多く，サンゴが現在分布していても認識されていない場合が多々ある。将来の水温上昇によるサンゴの増加も考慮すると，サンゴを積極的に認識し，例えば観光利用など，サンゴ礁生態系の活用を進めることが必要となるかもしれない。生態系の変化に対して人間社会を維持

するためには，このように，従来とは別の形での新たな活用が必要となるだろう。

環境変化以後のシステムのレジリエンスには3つのタイプがあると提案されている。第1は，以前とまったく同じ形に戻る「構造的レジリエンス」，第2は，構造は異なるが同じ機能を維持する「機能的レジリエンス」，第3が，システムが別の機能や目的を持つ「革新的レジリエンス」である。これらのレジリエンスは，短期間の「パルス型」(第12章)の環境変化や撹乱を想定したもののように思われる。気候変動は長期に一方的な変化をする「プレス型」の側面があり，気候変動による新たな環境と生態系への対応が，これらのレジリエンスのタイプで理解できるのか，それとも新たなレジリエンスのタイプとなるのか，生態系と社会の変化とあわせて考えていきたい。

参考文献

鈴木 款・土屋 誠・大葉英雄・日本サンゴ礁学会（2011）『サンゴ礁学—未知なる世界への招待』東海大学出版会

山本智之（2020）『温暖化で日本の海に何が起こるのか　水面下で変わりゆく海の生態系』講談社

国立環境研究所（2014）「サンゴ礁の過去・現在・未来　環境変化との関わりから保全へ」環境儀　No. 53

情報・システム研究機構新領域融合センターシステムズ・レジリエンスプロジェクト（2016）『システムのレジリエンス　さまざまな擾乱からの回復力』近代科学社

Hughes, T. P. (1994) Catastrophes, phase shifts, and large-scale degradation of a Caribbean coral reef. Science, 265, 1547-1551

Bellwood *et al.* (2006) Sleeping functional group drives coral-reef recovery. Current Biology, 16, 2434-2439

Mumby *et al.* (2006) Fishing, trophic cascades and the process of grazing on coral reefs. Science, 311, 98-101

14 地球環境・生態系：人間社会の「適応」の重要性

山野　博哉

《目標＆ポイント》 生態系はさまざまな機能を持っている。こうした生態系の機能を積極的に社会問題の解決に活用するアプローチは，自然を基盤とする解決策（NbS）や生態系を活用した気候変動適応策（EbA）と呼ばれ，最近注目を集めている。本章では，こうしたプローチのメリットと課題を紹介する。NbS や EbA は環境変化に対するリスクを低減し，適応力を向上し，人間社会のレジリエンス向上に寄与する可能性がある。
《キーワード》 気候変動適応，社会・生態システム，自然を基盤とする解決策（NbS），生態系を活用した気候変動適応（EbA），グリーンインフラ，生態系サービス

1. 人間活動による環境変化がもたらすリスク

現在，人間活動は地球の容量を超えてしまっており，地球環境を変化させるまでに至った。過去からの変化と現在起こっている変化を比べると，人間がいかに地球環境に影響を与えているかがわかる（**図14-1**）。生態系の劣化はその中でももっとも深刻なものである。その主要な原因のひとつが最近の気候変動である。人間活動による温室効果ガスの排出は，地球温暖化をもたらし，生態系や人間社会に影響を与える。また，二酸化炭素は海洋に溶け込んで海洋酸性化をもたらし，海洋生物に影響を与え，ひいては人間社会に影響を与えるであろう。

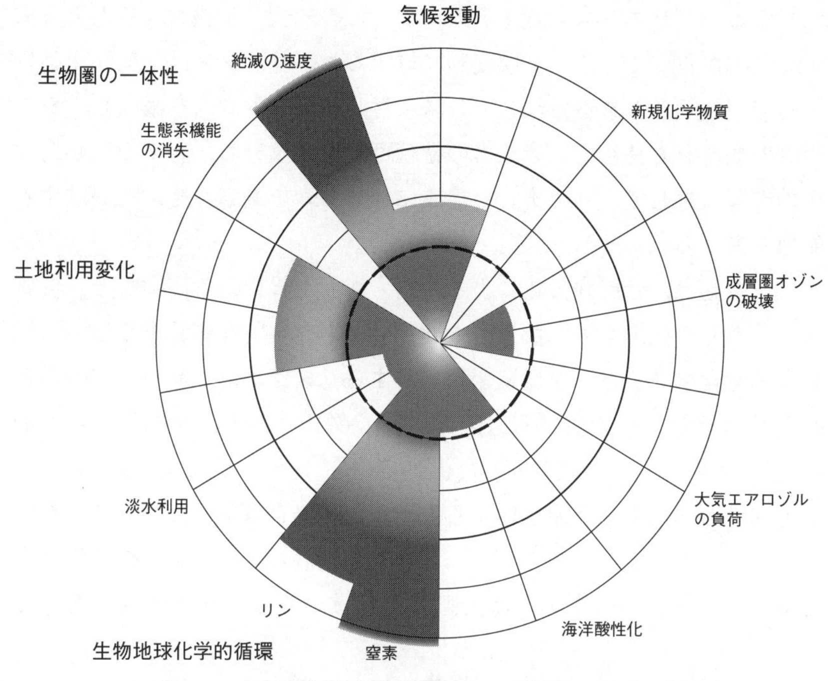

図14－1　プラネタリー・バウンダリーの考え方で表現された現在の地球の状況（Steffen, *et al.*, 2015）

点線の内側は「地球の限界」の領域内，ひとつ外側がリスクが高まっている不安定な領域，そしていちばん濃い領域は不安定な領域を超えてリスクが高い状態を示す。色のない項目は定量評価が不十分でバウンダリーが示されていない。

第12章で紹介したように，生態系と社会は密接な相互作用を持つ社会・生態システムと認識されるようになった。気候変動などの環境変化に対するレジリエンスを考える際には，この社会・生態システムを考慮することが重要である。気候変動に対するレジリエンスは，気候変動によって引き起こされる外部ストレスに対して，ストレスを吸収し，システムの機能を維持してシステムの持続可能性を改善し，将来の気候変動への影響に対してより望ましい構成にシステムを適応させ，再編成する能力と考えられている。

気候変動は，台風強大化による豪雨，海面上昇による高潮など，災害をもたらし，生態系のみならず人間社会にも直接的な影響を及ぼす。気候変動を含むさまざまな環境変化に対するリスクは，ハザードと曝露と脆弱性の組合わせで決まる（**図14－2**）。例えば，人口が密集する地域（曝露：大）で豪雨の頻度が高く（ハザード：大）なれば，被害を受ける可能性のある人や資産が増えるため，この場合は気候変動リスクが大きくなる。これが，堤防やダム，下水処理施設などのインフラ整備が進んでいない（脆弱性：大）途上国であれば，さらにリスクは大きくな

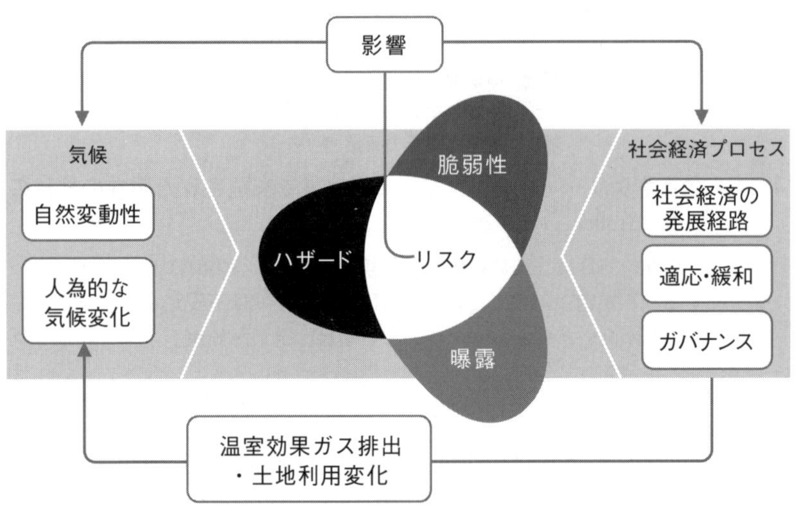

ハザード：人，生物，資産などに悪影響を及ぼし得る，気候関連の物理現象やその変化傾向
曝露：悪影響を受けうる場所や状況に，人，生物，資産などが存在すること
脆弱性：悪影響の受けやすさ（ハザードに対する感受性や適応能力など）

図14－2　気候変動リスクとそれを構成する要素（図：国立環境研究所）

る。脆弱性はインフラのみならず，ハザードを受ける地域社会のシステムからももたらされる。

2. 気候変動に対する適応策

気候変動への対策は「緩和策」と「適応策」に分けられる（第12章）。緩和策はハザードを低減する取り組みで，気候変動の進行を遅らせたり止めたりすることを目的とし，温室効果ガスの排出削減，森林や湿地などでの炭素吸収・蓄積量の増大，再生可能エネルギーの導入が該当する。一方，適応策は曝露や脆弱性を低減する取り組みで，すでに現れている気候変動の影響や将来的に避けられない気候変動の影響に対して，自然や人間社会のあり方を調整することによって被害を回避・低減することである。

日本では，緩和策に関しては，地球温暖化対策推進法が2008年10月に策定され取り組みが本格化した。その後，脱炭素を巡る動きが加速化し，2022年４月には，2050年カーボンニュートラル実現や2030年度削減目標の達成に向け，改正地球温暖化対策推進法が施行された。一方，適応策に関しては，2018年12月に気候変動適応法が施行され，国の気候変動適応計画が策定されるとともに，都道府県や市町村において地域気候変動適応計画の策定が進められている。適応策が求められる分野を農林水産業，水環境・水資源，自然生態系，自然災害・沿岸域，健康，産業・経済活動，国民生活・都市生活の７分野に分け，それぞれにおける現在および将来のリスク評価を踏まえ，リスクを軽減する方策が提示されている。

自然生態系分野においては，生態系は気候変動に対応して全体として変化するため，これを人為的な対策により広範に抑制することは不可能であることを基本的考え方としつつも，**①気候変動が生物多様性に与える悪影響を低減するための適応策，②他分野の適応策が行われることによる生物多様性への影響の回避，③気候変動に適応する際の戦略の一部として生態系の活用**の3つの視点が掲げられた。これらのうち，①に関しては第12章を参照されたい。②については，他分野の適応策のみならず，気候変動の緩和のための再生可能エネルギー導入拡大（太陽光パネル設置など）と生物多様性保全のバランスの考慮など，生物多様性保全と気候変動対策全般へと視点が拡大し，生物多様性保全と気候変動対策の両立の方策が探られている。本章で中心的に取り上げるのは③の視点，生態系を活用した気候変動適応策（Ecosystem-based Adaptation; EbA）である。EbAについては，「生態系を活用した気候変動適応策（EbA）計画と実施の手引き（以下，「手引き」という）」が環境省・国立環境研究所により作成されており，以下適宜「手引き」より引用しつつEbAについて解説を行う。自然生態系以外の分野での適応策に生態系の活用が望まれており，EbAが人間社会のレジリエンスを高める可能性についても紹介したい。

3．生態系を活用した気候変動適応策（EbA）

第12章で紹介したように，環境変化は恒常的かつ長期的で一方向的な変化を行う「プレス型」と，まれに生じる突発的な事象の発生する「パルス型」に分けられ，気候変動は両方の側面を持っている。プレス型の変動として，年平均気温や平均海水面の上昇が挙げられる。一方，気候変動は集中的な豪雨や短期的な干ばつなどパルス型の変動も引き起こす。「プレス型」と「パルス型」の変動の影響は独立ではなく複合的で，「プレス型」の変動が進行するほど「パルス型」の変動の影響がより深刻になる場合もある（第12章のレジームシフト）。第12章では，生物や生態系における気候変動への適応を紹介したが，人間社会においても，社会・生態システムを考慮した適応策を考える必要がある。

「プレス型」の変化に対する適応策として，将来の気候条件をなるべく高精度で予測し，将来条件におけるパフォーマンスを高めるような選択をする「最適化型アプローチ」は有効である。一方で，パルス型の変動は，発生のタイミングや程度を正確に予測するのは困難である。そのため，特定の状態を予測して最適化するアプローチでは，対策のコストが無駄になる場合や，かえってパフォーマンスが低下する場合がありうる。「パルス型」の変動に対処するためには，不確実性を前提としたアプローチが必須である。また，平均気温上昇という「プレス型」の変化も，今後の気候変動緩和策の進展具合や，予測モデルの精度などにより不確実性がある。そのため，プレス型の変化に対しても不確実性を前提としたアプローチが有効である。こうしたアプローチは，レジリエンスの向上も含み，全体的に「適応力向上アプローチ」といえるものである。この2つのアプローチは，水害への対策における堤防と遊水地を考えると想像しやすい。堤防は，想定される水量に対して洪水を防ぐ目的に特化して設計され，最適化型アプローチと考えられる。堤防の多くは計画規模までの現象に対して安全度は確保できるが，計画規模以上の現象に対してはほとんど機能を発揮できない。それに対して，遊水地の安全性は，規模に対して徐々に低下するが，容易にはゼロになりにくい。

遊水地のように，気候変動への適応策として生物多様性や生態系の機能を活用するアプローチがEbAである（**図14－3**）。生態系は，生物だけでなく地形，土壌，水，栄養塩などの物質，それらの関係性を総合したシステムである。したがって，EbAには，生物の機能を直接活用するものだけでなく，遊水地のように地形や水循環を活用した取り組みも

図14－3　EbA の例（環境省・国立環境研究所，2022）
流域治水以外にもさまざまな活用が考えられる。

含まれる。EbA は既存インフラとの対立的な概念ではない。むしろ，EbA は，堤防などの既存のインフラと組み合わせることにより，それぞれが持つ特徴が活かされたハイブリッドインフラとなり，災害規模に対して粘り強い頑強性を持つ，適応力向上アプローチとなる。さらには，遊水地の湿地環境は，生物多様性の保全の場としても重要である。気候変動の影響による水災害の激甚化・頻発化などを踏まえ，河川流域に関わるあらゆる関係者が協働して水災害対策を行う流域治水（第 7 章）においては，堤防の整備に加えて，氾濫原湿地の遊水地としての活用や水田の雨水の貯留への活用などの EbA が掲げられている。

EbA を含め，生態系の機能や活用に関して近年認識が進んでいる。自然を基盤とした解決策（NbS，自然を活用した解決策，自然に根ざした解決策ともいう），Eco-DRR，グリーンインフラという言葉を聞かれたことがあるかもしれない。これらは相互に関連し，補完する概念で，以下のように説明される。

防災，農林水産業の持続性の確保，貧困対策などの社会課題解決の取り組みを，地形，地質，水循環，動植物など，その場所の自然の特性を踏まえたやり方で進めるアプローチは，自然を基盤とした解決策（Nature-based Solutions; NbS）と呼ばれる。NbSは幅広い概念であり，目的の違いに対応した複数の下位概念を内包している。EbAもそのひとつであり，気候変動に伴うリスクの低減を目的としたNbSといえる。同様に，防災の分野で用いられる生態系を活用した防災・減災（Ecosystem-based Disaster Risk Reduction; Eco-DRR）も，災害リスクの低減を目的としたNbSといえる。気候変動は，災害リスクの増加という側面も持つため，EbAとEco-DRRは，相互に大きく重複する概念である。グリーンインフラ（Green Infrastructure）は，自然環境が有する機能を社会におけるさまざまな課題解決に活用しようとする考え方であり，さまざまな行政施策や企業の取り組みなどで用いられるようになっている。

EbAは「グリーンインフラを活用した気候変動適応の取り組み」，Eco-DRRは「グリーンインフラを活用した防災・減災の取り組み」，と言い換えることも可能である。

EbAは，気候変動への適応が求められる7つの分野（農業・林業・水産業，水環境・水資源，自然災害・沿岸域，自然生態系，健康，国民生活・都市生活）のすべてにおいて考えられ，主目的以外の複数の目的の間の相乗効果が期待できる場合が多い（**図14－4**）。例えば，都市緑地は，都市のヒートアイランド現象を緩和するだけでなく，雨水浸透能力を高めることで都市型水害の対策にもなり，さらには生物多様性を保全する場ともなる。量的には少ないものの，炭素を蓄積する機能もあ

EbA の取り組み例	期待される気候変動適応効果	
農地と河川の間に湿地を造成する 	水環境・水資源	栄養塩を吸着した土砂の河川への流出の抑制により、水質悪化リスク低減が期待できる。
	自然災害	氾濫水の一時貯留（遊水地機能）や内水の一時貯留（調整池機能）により、河川水位の抑制が期待できる。
	自然生態系	氾濫原を生育・生息地とする動植物の保全、極端気象時の避難場所が確保され、個体群保全効果が期待できる。
	農林水産業	水産有用魚の繁殖場所の保全が期待できる。クモなどの益虫の提供機能が期待できる（ただし害虫の発生にも要注意。）
都市内に樹林を配置する 	自然災害	植栽基盤の透水性を高めることにより、都市型水害の抑制や、河川への雨水流出抑制・遅延の効果が期待できる。
	自然生態系	鳥類や昆虫類の生息環境・移動経路の保全機能が期待できる。
	健康	高温時の日陰の提供など都市域の高温を緩和する機能が期待できる。
	国民生活・都市生活	郊外からの涼風の導入等により、ヒートアイランドが緩和され、都市環境が快適になる。植物から季節が感じられるようになる。
溜池を管理・維持する 	自然災害	雨水の流出抑制・遅延を通して河川水位の上昇を緩和する機能が期待できる（ただし堤体構造などの安定性に注意）。
	自然生態系	水生植物、水生昆虫などの動植物の生育・生息環境が守られる。
	農林水産業	旱ばつやトラブルで大規模用水網が活用できない時でも農業用水源が確保できる。

図14－4　EbA がもたらす多面的な効果（環境省・国立環境研究所，2022）

る。さらに，都市緑地は住民にとっての憩いの場ともなり，また災害時には避難場所としても機能し，魅力的なまちづくりにも貢献するものとなる。生態系が持つ機能を認識し活用することは，地域に伝わる知恵（伝統知や地域知）を見直し，地域への愛着を深めることにもなるであろう。さらに，EbA の場の管理や保全に関わることは，住民の連帯を強め知識を向上させる。EbA の導入によって，リスク（**図14－2**）の低減（例：遊水地による洪水の低減，連帯と知識による社会関係資本と人的資本の向上による脆弱性の低減)，適応力の向上，さらには人間社会のレジリエンスの向上が期待されるのである。

一方で，EbA にはまだ課題も多い。大きな課題は，機械や人工的なインフラの機能と比較して機能が不確実であり定量化が難しいことである。EbA が主目的とする対象でも，洪水や防波の場合は比較的定量化しやすいが，例えば防風林による防風機能は，樹木の成長や季節変化によって変化し，一定ではない。EbA が発揮する多面的な機能はメリットであるが，例えば住民の憩いの場となる機能の評価は難しく，複数の目的に対する機能を同じ軸で評価することはさらに困難である。また，EbA は新たに実装した場合は機能発揮までに時間がかかること，広い面積が必要な場合が多いことも課題となりうる。こうした課題は，NbS にも共通するものである。

4．EbA，NbS と人間社会のレジリエンス

気候変動や自然災害へ柔軟に対応し，回復力を持つレジリエントな社会とは，当該地域の資源，風土や歴史・文化の地域性に配慮した総合知により実現するものであろう。また，近年のパンデミックで明らかになったように，資源や経済の過度な外部依存は地域社会の脆弱性をもたらしている。さまざまなリスクに対応するためには，過度の外部依存を避けた自立分散型社会の構築が必要であり，地域の資源の活用が重要である。自然生態系などの自然資源に関して，生態系の持つ機能が人間にもたらす恩恵は生態系サービスと呼ばれ，その価値が可視化されるようになり，人間社会のレジリエンスに関わっている可能性が示されつつある。現在，日本における人口減少社会においては，未利用地などの空き地が発生することが予想され，自然資源の活用可能性が高まっている。

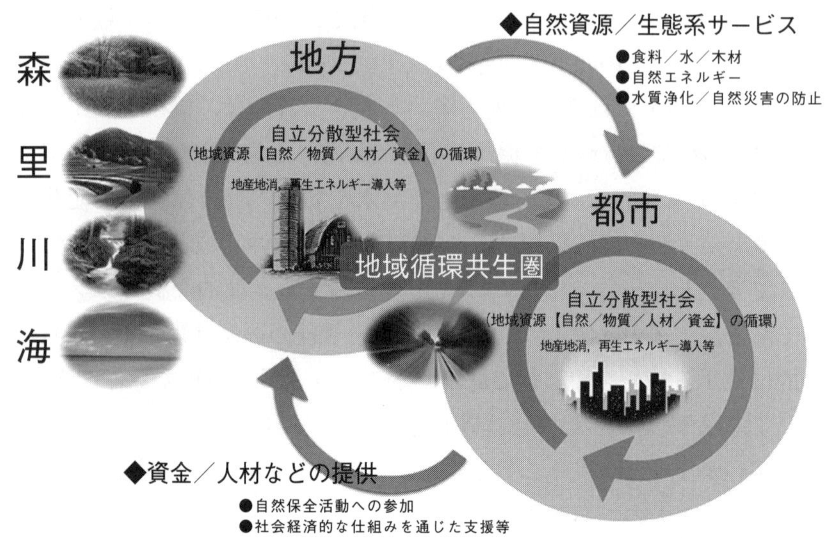

図14－5　地域循環共生圏のイメージ（環境省）

地域の自然資源に注目し，地形の特性や生態系機能を活用するNbSは，気候変動に対処するEbAのみならず，多種のハザードに対処するレジリエンスの向上が期待できる。こうした考え方は，環境基本法に基づき2018年に策定された第五次環境基本計画に掲げられた地域循環共生圏（**図14－5**）にも通じるものであるが，社会・生態システムにおける生態系と人間社会のレジリエンスとの関係の解明は途上にある。生態系機能の評価を進め，人間社会における生態系の認識や価値を高めることが，気候変動に対するレジリエンスをはじめ，社会・生態システムの持続性を高めることにつながるのかもしれない。**図14－4**で紹介しているように，EbAやNbSの実施事例が増加している。こうした現場から得られる知見が，人間・社会システムの理解と人間社会のレジリエンスに関する有用な示唆を与えてくれるのではないだろうか。

地域の資源の可能性をもう一度考え直し，その資源を有効活用しながら環境・経済・社会を向上し，資源を融通し合うネットワークを形成する。その視点は，エネルギー，交通・移動システム，災害に強いまちづくり，衣食住の日々の生活者としてのライフスタイルなど，さまざまな場面で発揮される。

参考文献

IGES（2021）生物多様性と気候変動　IPBES-IPCC 合同ワークショップ報告書：IGES による翻訳と解説

小野有五（2013）『たたかう地理学』古今書院

環境省・国立環境研究所（2022）生態系を活用した気候変動適応策（EbA）計画と実施の手引き　環境省自然環境局

国立環境研究所（2016）「「適応」で拓く新時代！～気候変動による影響に備える～」環境儀 No. 61

武内和彦（監修）石井菜穂子（監修）谷淳也（翻訳）森秀行（翻訳）（2018）『小さな地球の大きな世界　プラネタリー・バウンダリーと持続可能な開発』丸善出版

西廣淳他（2022）気候変動適応策としての「適応力向上型アプローチ」保全生態学研究，27，315-322

15 レジリエンスの危機

鈴木　康弘

《目標＆ポイント》 我々をとりまく社会の情勢は急激に変化している。経済状況や人口構成の急激な変化（超高齢化），さらに自然災害やパンデミックに対して，日本社会のレジリエンスの現状はどうだろうか。将来に対する不安を抱える人も多く，レジリエンスは危機的状況にあるという指摘もある。もしそうであれば，レジリエンスを衰退させた原因は何か，これを回復させるにはどうしたら良いかを考えることが必要ではないだろうか。

《キーワード》 レジリエンス，サステナビリティ，環境共生，市民合意，復興，教育

1.「レジリエンスの危機」の予兆

レジリエンスはさまざまな危機から立ち直る力として注目されるが，そもそもそのレジリエンス自体の危機も気になるところである。とくに我々の社会は現在，どの程度レジリエンスを有しているか？　かつてより低下しているということはないだろうか？　あるいは，将来また災害を繰り返した際にも，立ち直れるだけのレジリエンスは確保されているのだろうか？

地震や風水害などの自然災害に注目すれば，1961年に災害対策基本法が制定されてから60年以上経ち，この間，さまざまな防災対策が施されてきた。しかし2011年の東日本大震災は，大きな自然災害に対する日本社会の脆さを露呈してしまった。建造物の耐震化や堤防建設などのハード対策により被害が軽減できた地域もあるが，一方で防災施設の存在が

住宅地から海を見えなくしたり，ハザードマップの不備により油断を生んだりして，被害を拡大した地域もあった。こんな地震は「想定外」と言い放ち，「仕方なかった」「人知を超えた」という諦めの印象を強めて，これまでの対策自体を見直すことを阻む状況もあった。

問題の所在を明確にして再発防止を図ることは，レジリエンスを保つために重要であるが，1995年の阪神淡路大震災の頃に比べて，こうした機能が衰えているのかもしれない。活断層の脅威を目の当たりにした阪神淡路大震災後は，構造物の設計を大幅に見直して全国的に対策を進めたり，政府に地震調査研究推進本部を設置したり，ボランティアを重視したり，全ての行政機関に危機管理体制を定着させるなど，レジリエンスを発揮した。それに対して東日本大震災後はどうだろうか？　近年の行政機関は管理責任を重く問われるため，自らの非を認めにくくなり，かたくなになっている感もある。

第７章で採りあげたように「想定」は，「予測」とは異なる概念であり，どこまで対策するかに応じて「設定」されるものである。そのため，合理的設計が進んで経済効率のために最低限の強度でものを作ろうとすると，「想定」が低く設定される。そして「想定」を少しでも超えれば一斉に壊れる可能性が高まる。かつて技術を定量的に分析することができなかった時代には，職人は経験と勘に基づいてゆとりを持って建物の強さを決め，安全性を高めた。そのため，地震多発国であるにも関わらず，千年以上前の構造物が数多く残されてきた。これに対して強度と破壊との関係を研究するいわゆる合理的設計は，設計強度を破壊しないギリギリのレベルに抑えることを可能にしたため，建設費の節約を可能にし，日本の経済成長を支えてきた。それはありがたいことではあったが，ひとたび「想定」を超えると「設計通り」壊れかねない。経済効率と安全確保のバランスは難しい問題である。東日本大震災では「想

図15－1　東日本大震災当日の徒歩による帰宅
（2011年３月11日，東京都世田谷区，写真提供：共同通信社）

定」のあり方について一石を投じた。

東日本大震災で脆弱性を露呈したものとして，「都市」を挙げることもできよう。東京は最大震度５強に過ぎなかったが，建物の損傷による犠牲者が出た。またライフラインが機能不全に陥り，首都圏では500万人以上が帰宅困難になった。超過密都市・東京の地震に対する危険性はかねてから指摘され，首都機能移転などの抜本的対策も議論されてきたが，実現しないまま，かえって都心集中を助長した。地震発生直後には電力不足により生活に大きな支障が出た。さらに福島第一原発からの放射能流出の危機感も高まった。当時の観測記録を見返すと，もし少し風向きが違ったら，都心が放射能汚染に見舞われかねない状況だったことは驚愕に値する。都市化は経済繁栄の証でもあり，我々はその恩恵を享受していることは間違いない。しかし，普段は「想定」したくない大規模自然災害に対しては，十分なレジリエンスを発揮できない状況になっているのではないだろうか。

ところで，2020年春以降に起きた新型コロナウイルス感染症（COVID-19）に対しても，第6章で述べたとおり，レジリエンスに対して多くの問題を提起した。日本では過去に類似の感染症の蔓延がなく，ほとんど未体験であったため，行政の対応に混乱があった。市民から不満の声も上がったが，初めての対応であるとすれば致し方ない面もあったのかもしれない。今後，再び感染拡大が起きるときまでには対応策が確立され，市民としてもレジリエンスを発揮して，こうすれば対応できるという見通しを持てるようになりたい。

感染症対策としては多くの複合的要因を考えなければならないという難しさも学んだ。2019年12月に中国の武漢市で第1例目の感染者が確認された後，瞬く間に全世界に感染が広まった。これは国際化が進んだ現代ならではの問題である。日本では当時，海外からの旅行者によるインバウンド需要は経済活性化の切り札のようにいわれ，感染拡大を防ぐための入国制限のあり方が問われた。パンデミック防止には一国の努力だけでなく国際協調が重要なことも知った。

ワンヘルス（One Health）という概念も提唱された。新型コロナウィルスは「人獣共通感染症」であり，元来野生動物が持っていた病原体が，人間が森林伐採や農地拡大などで野生動物の領域へ踏み込んだために，人にも感染するようになった可能性がある。そのため，人と動物の健康と環境の健全性を一体のもの，すなわちOne Healthとして保全することが求められている。

以上のようにパンデミックへのレジリエンスは，危機管理のみならず，国際化によるリスクの増大や生態系保全など，扱いが難しい多くの問題に通じる今日的課題である。

2. レジリエンスとサステナビリティ

東日本大震災とパンデミックの事例から，レジリエンスは極めて複合的な問題であることがわかる。安全性確保と経済活性化を同時に叶えることの難しさ，国際的な相互の影響をどう評価し，どのような国際協調を行えるか，さらに生態系保全とのバランスをどう取るかも課題となっている。災害によるひとつの側面だけを立て直すという話では済まない。

さらに，レジリエンスは幸福な社会実現が究極の目標であるから，サステナビリティ（持続可能性）と矛盾しては意味がないということにも留意する必要がある。レジリエンスは比較的短期的な回復を意図するため，その間だけ頑張りすぎて，長期にわたるサステナビリティを損ねることがないようにしたい。

地震災害や水害災害からの復旧・復興において，サステナビリティに反する事例もある。一般に災害復旧においては「現状復旧」が原則であるため，例えば土砂崩壊の危険地域で山崩れが起きた際にも，その場所をコンクリートで覆って再びその下に集落を戻す場合が少なくない。レジリエンスは必ずしも元通りにすることが前提ではない。土地条件に見合う適切な状態に変えることが重要であり，杓子定規ではなく，住民の意見を尊重しつつ，復興のあり方がもっと議論されるべきである。

近年,「事前復興」という概念が提唱されている。これは災害直後の混乱期においては復旧・復興のあり方について冷静な議論が難しいため，災害発生が予測される場合には，事前にそのあり方を議論しておこ

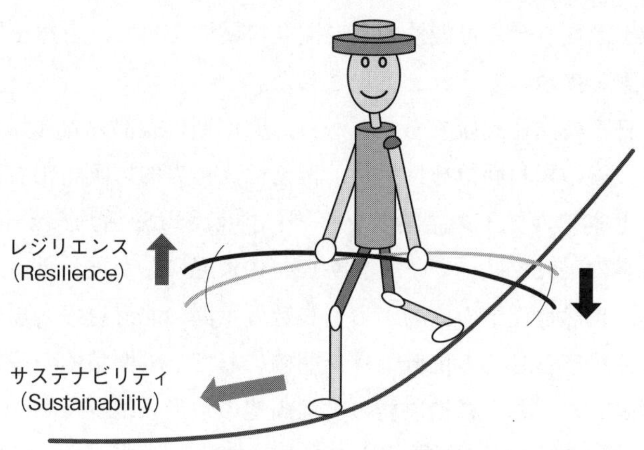

図15－2　レジリエンスとサステナビリティの関係（林・鈴木，2015）
レジリエンスとサステナビリティは表裏一体である。

うというものである。この議論の中ではサステナビリティとの兼ね合いも慎重に検討できる。また属人的な利害と切り離すことができるため，市民合意を図るための議論も可能になる。関東大震災のみならず，江戸時代以降に何度も地震災害を被り，さらに空襲による被害も受けた東京の事例は参考にされるべきであろう。

3．レジリエンスの危機：どこに問題があり，どうすれば良いか

（1）地理学の視点に学ぶ　―小野有五―

地理学者の小野有五（2013）は，北海道において自らが関わってきた河川の環境保全や，原発の安全性の問題，さらにアイヌ民族の権利回復への実践的な取り組みを紹介し，人と自然の関係論や文明論を展開した。自然は単にそのまま保護することだけが必ずしも正しいわけではなく，人間活動のための開発が必要な時もあるが，小野は自然の摂理に反

して環境を激変させる可能性の高い開発に疑問を呈し，自然を壊さない代替計画案を提示してそれを実現させた。

また，日本の先住民族でありながら，明治期に大部分の権利を奪われたアイヌ民族の権利回復を目指し，例えば，一方的に漢語化された北海道の地名と本来のアイヌ語地名を平等に併記させる活動なども行った。また考古学の年表では「アイヌ」が12〜19世紀にしか現れないことに異議を唱え，自然地理学の立場から過去数万年間の北海道の人類史を再検討し，先住民族としての位置づけを明確にして，人間集団の多様性の重要性を強調した。さらに泊原発の敷地周辺の地形・地質を調査して，現状の耐震設計では安全が確保されていないことも主張した。

環境保全，原発の安全性，先住民族問題は一見すると別々の課題であるが，それらのつながりを自然地理学の視点から横断的に研究し，これらを無視することが，本来のレジリエンスの低下や喪失につながると警告している。

さらに小野（2023）は，批評家の若松英輔氏と「大地の声を聴く」というタイトルで対談し，レジリエンスという言葉こそ明示していないものの，まさにその危機について語っている。記事は以下の文章から始まる。「昨今の異常気象や地震，新型ウイルスの発生などは，自然があげる悲鳴のように感じます。私たちはもっと謙虚に，その声に耳を澄ませたい。大地と共に生きてきたアイヌの人たちの言葉を手がかりに考えます」。

その「言葉」とは，『婦人之友』2011年９月号に掲載されたアイヌの宇梶静江さんによる，３.11の大地震直後に書かれた「大地よ！」という詩だった。「大地よ　重たかったか　痛かったか　あなたにもっと深く気づいて　敬って　その重さや　痛みを知る術を持つべきであった」。地震を，単に プレートの沈み込みによるものとしてしか考えなかった小野は，宇梶のこの言葉に驚き，若松とともにアイヌ独自の発想に敬意を表し，いのち＝人間だけと考えない「いのちの次元」を再考する必要性を訴えた。

小野は，「私たちはどこか間違っていた，と気づかされた。何でも好き放題にして，海外の資源まで使い尽くすような生き方は間違っている」と発言している。「アイヌの思想の根底には自然の神『カムイ』への崇拝があるが，他の宗教においても人間を超えた存在（神）に対する畏れや心遣いがあり，それがもっとも大切ではないか。数量化できたものだけを尊ぶ科学には大きな問題がある」。これを受けて若松は，「大きなものの前に立てば，人は必然的に小さくなる。小さくなることによって人は等しくなっていく」と述べている。

すなわち，今日のレジリエンスの危機の原因は，1）経済効率を最重要の価値基準とし，2）開発の影響を正確には予測し得ない科学の力を過大評価することにある，との指摘である。危機を回復するには，「大自然，あるいは人間を超えるものへの畏れ」を取り戻し，人と自然の関係を謙虚に見つめることが必要なのだ。

ひるがえって我がこととして考えてみると，「川の流れを逆流させても大丈夫」，「これだけ地震が多い国でも原発を稼働させて大丈夫」という結論に対して，「本当にそうだろうか」という疑問を持つ人は多いはずである。しかしなぜ多くの人は自ら確認することもせずに黙るのだろうか。小野氏のような，希有な有志にのみ委ねる構図は，日本社会のレジリエンスの大きな危機かもしれない。

図15－3　千歳川放水路計画反対集会で講演する小野有五氏
（当時，北海道大学教授，1994年６月26日，写真提供：共同通信社）

図15－4　千歳川放水路計画により危ぶまれた北海道千歳市の美々川流域の自然（写真提供：共同通信社）

（2）哲学の視点に学ぶ ―鷲田清一―

哲学者の鷲田清一（2015，2018）は，社会が持つべきレジリエンスを，「経済不況や人口構成の変化や災害などでその力が落ちてきたとき，それを手直しして元の力を取り戻し，さらにはいっそうの活性を生みだしてゆく力」とした上で，これが急激に失われていることについて，以下のように警鐘を鳴らした。

東日本大震災の際，震源からは離れた大都市において，流通・交通から配水・送電まで社会の公共システムが停止したら，生活がすぐに破綻した。これは大都市が地方社会以上に脆いことを示した。鷲田によるとその理由は，「相互扶助のしくみ《いのちの世話》を社会システムへ移し，人びとは顧客に成り下がり，自分たちで解決する能力を失った。『おまかせマインド』が地域の地力を衰弱させた」ためである。自分たちの手で，社会のさまざまの問題解決の仕組みを作る力をいかに養うかが，社会のレジリエンスの課題である。

そして，レジリエンスを養う姿勢として，1）未来世代からの視線に身をさらし，目先の利害ではなく，将来のためにいま何をしておくべきかと考える。2）普段できないことは緊急のときはなおできないのだから，文明のかたちを根本から問いただす必要がある，と指摘する。そして文明のかたちを問いただす場合には，政治学者の中島岳志氏がいうとおり「劇的な解決を望むのではなく，部品を点検しボルトを締め直すように，一つひとつの問題に向き合うしかない」。

その上で，鷲田は改めて「レジリエントな都市」に求められることとして以下の2点を指摘している。1）「語り継ぎ」の慣わしをしっかり根づかせる。2）オルタナティヴ（選択肢）を多く用意し，危機を招くことになった文化・文明のあり方に対して根本的に異なる処し方を提示する。こうした2点を進めるには，「百年の計」をはるかに超える〈学術〉〈技術〉〈芸術〉の発想を育み,「文化資源」の多様性を大切にすることが重要である。学び舎（とくに大学）は未来への選択肢を数多く提示できる知的資源である，と強調した。

さらに鷲田は，京都のまちが幕末の荒廃から立ち直る方策として，日本政府による全国の教育機関整備に先立って，明治2年に「番組小学校」を設置したことを紹介している。これはまさに京都のまちがレジリエンスを発揮した事例といえよう。「番組」とは，街区に対応する「町(ちょう)組(ぐみ)会」のことで，後の「学区」に通じるものである。番組小学校は「町組」が資金の一切を負担し,「町組」の会所や警察・交番，望火楼も設置された。ごみ処理や予防接種など保健所の仕事も担い，自治会組織の総合庁舎としての機能を果し,「町組」数66に対して64校が明治2年末までに建てられた（うち2校は2町組が合同で建設)。まさに地域の地力を発揮する場であり，市民文化の中心であったともいえよう。

図15－5　番組小学校のひとつ梅屋小学校（京都市のホームページ「町組改正と小学校」より）
https://www2.city. kyoto.lg.jp/somu/rekishi/fm/nenpyou/htmlsheet/toshi26.html

なお鷲田は，文化とは「添え物や飾り物ではない本質であり，会話の作法，ものづくりのこだわり，デザインのセンス，経営・企業の精神，行政・市民自治・近所づきあいのスタイル，料理の味つけ，住まいの工夫，信心のあり方などあらゆるものが含まれる」としている。レジリエンスはこうした市民の生き方の全てにより支えられるものともいえよう。

（3）歴史地震学の視点に学ぶ —武村雅之—

地震学者の武村雅之（2023）は，長年にわたり関東大震災を詳細に調査した経験から，大震災百年の節目にあたり，なぜ10万人を超える犠牲者が出たか，震災から日本はどのように復興したかを取りまとめた。そして今再び首都直下地震の発生が危惧される状況において，これからの社会のあり方について貴重な提言をしている。その主旨は以下の通りである。

関東大震災による死者・行方不明者数は東日本大震災の約５倍にあたる約10万５千人，当時の日本人口を考慮すれば，犠牲者の割合（人口比）は約10倍だった。被害総額（直接被害）も当時のお金で約55億円で，GDP（またはGNP）対する割合としてはやはり東日本大震災の約10倍となっていた。まさに国家存亡の危機であったといえよう。

震源に近い神奈川県では，家屋倒壊や土砂災害などにより３万２千人が亡くなった。さらに，震源から離れた東京市でも６万９千人が亡くなった。なぜ東京でこれほど多くの死者が出たかは，過去3回の地震災害を比較することでわかる。1703年の元禄地震の際には顕著な延焼火災もなく，死者数も関東大震災の1/100以下の340人であった。この頃は江戸のまちは隅田川の西側にほぼ限られていた。1855年の安政江戸地震の際には江戸の人口は130万人に増え，江東地域（隅田川の東）にも街は広がっていたが，大半は社寺地と武家地（主に下屋敷）で，火災による延焼地域は木造家屋が密集する町人地に限られた。そのため死者は約7500人で関東大震災の1/10程度であった。

江戸時代の２つの地震に比べて関東大震災の被害が遙かに大きかった理由は，当日の強風にあるといわれることが多いが，それだけではなかった。地盤が軟弱な江東地域が木造密集市街地になっていたことが大きく影響したことは明らかである。つまり道路や公園などの基盤整備を行わないまま人口集中による木造密集地を形成させてしまった，明治政府の都市政策の誤りにあったといえよう。

図15－6　関東大震災直後の日比谷交差点付近（1923年９月１日）（写真提供：共同通信社）

以上の反省に立って行われたのが，震災後の帝都復興事業だった。そのため耐震・耐火を進めることを基本としつつ，公共性を重視して国民的合意形成の下で首都としてふさわしい品格のある街づくりを目指した。まず行われたのが，公共性・公平性を重視した土地区画整理だった。道路網を整備した。その際には将来地下鉄を通せるように必要な道路幅を確保した。現在，東京に多くの地下鉄路線があるのは関東大震災の復興計画のおかげである。

また，河川に多くの立派な橋を架けた。それらは美観にも優れ，その後の戦災にも耐えた。公園も整備され，国が隅田，浜町，錦糸の三大公園，東京市が50以上の復興小公園を復興小学校に隣接して建設し，そのモダンな佇まいは地域のシンボルとなった。小学校の校舎には意匠が施され，今も品格のある立派な姿をとどめている。戦後に新たに建てられた校舎は耐震性が不足し，耐震補強のために鉄骨の筋交いを入れざるを得ず，美観を損ねているが，復興小学校にはその必要がない。そのため今も美しい姿のままである。こうした校舎に，当時の人々の子供たちへの深い思いが感じられる。

戦後も首都圏は地震に対する不安は続いた。とくに関東大震災から80年ほど経った2003年頃から，次の首都直下地震が迫っているのではないかという問題意識が持たれ，地震防災が大きな社会的課題となった。果たして東京は地震に対して強くなったのだろうか？　建物の耐震化など改善された点があることは事実であるが，戦後の開発が逆に地震災害の危険性を高めたことも多い。それらは，①震災復興の対象範囲外だった郊外15区の木造密集，②海抜ゼロメートル地帯の人口密集，③1964年東京五輪にあわせて拙速に建設された高速道路，③2000年以降の容積率緩和による都心の密集高層ビル，④2020東京五輪に便乗した湾岸埋め立て地のタワーマンション，などである。かねてより必要性が指摘されてきた首都機能移転に逆行して，過剰な人口を都心に再び集め始めている。

関東大震災の復興の精神（公共性・市民合意・品格）に照らして，今日の東京の都市政策はどうだろうか。戦後は経済成長のみが重視され，効率性と公平性のバランスが崩れた。最重要であるはずの都市基盤整備や厳格な土地利用制限よりも，経済効率が重視されてきた。十分な市民合意もないままに過度な開発が進み，防災のみならず都市文化の基盤をなすべき公的空間や機能は次々と破壊されていった。

街は市民に対し平等に利益をもたらすものでなければならない。そのような街にこそ市民の連帯意識が生まれ，共助のこころもはぐくまれ，為政者も市民も一体となって防災に取りくむ社会が実現するのではないか。今こそ，帝都復興事業に学ぶべき時であろう。

図15－7　関東大震災から復興した有楽町・丸の内周辺（1932（昭和７）年４月17日）（日本電報通信社撮影，写真提供：共同通信社）
左手前，横長の３階建て建物は復興小学校のひとつ泰明小学校。

4．レジリエンスの危機

これまでの人類史を紐解くと，時代ごとの危機に対してレジリエンスが求められてきた（稲村他 2022）。多くの文明も隆盛と衰退を繰り返した。もしかすると高いレジリエンスを有した時代などなかったのかもしれない。そのため現代のレジリエンスの危機を声高に問題にする必要はないのかもしれない。

しかしながら，日本のレジリエンスの現状を考え，歴史に学ぶことには大きな意義があろう。前章で３名の学者が分析したレジリエンスの危機は以下のようにまとめられる。①科学技術を過信し，その限界に目を向けず，大自然への畏れを忘れている。②災害や深刻な影響が過小評価され，「想定」を超えるかもしれない「不都合な真実」に目を閉ざしている。③国民は検討を専門家に依存して自らは思考停止に陥る。④そして専門家や為政者は十分な説明責任を果たさず，判断責任の所在を曖昧にしている。

そして地域コミュニティの衰退もこれに拍車をかける。⑤かつては地域ごとにあった「相互扶助」のしくみを，行政が提供する制度へ移行させたことは効率的ではあるが，市民が自分たちで解決する能力を失ってしまい，地域の地力を衰弱させた。

今後は，自分たちの手で再び社会のさまざまの問題解決の仕組みを作る力をいかに養うかが課題である。そのためには未来世代を意識して，「目先の利害ではなく将来のためにいま何をしておくべきか」を考える。また，「文明のかたち」を根本から少しずつ問い質（ただ）し，危機を招くことになった文化・文明のあり方に対して根本的に異なる変革を促す必要がある。

災害に対するレジリエンスは普段からのまちづくり（都市計画）が鍵

を握る。とくに大都市の現状は誰もが気づくとおり脆弱であり，近年ますます脆弱化が進む。危ないと誰もが気づくことがなぜか放置される。経済効率が安全より優先されているといわざるをえない状況ではないだろうか。

5．レジリエンスを高めるために―教育への期待―

レジリエンスの危機を救うためには未来世代を意識することが重要であり，若者への教育が鍵を握る。教育の原点に立ち返り，真実を知り，いかに生きるかを考えさせる。大自然を懸命に理解しようとする努力をしつつ，同時に自然の脅威を畏れ，「謙虚」になれることが重要であろう。無知は無謀を招き，レジリエントを損ねる。

また，主体性の欠如もレジリエンスを損ねる。科学の限界を理解するには主体的な探究が必要であり，解決策を模索するためには，多くの代替策（オルタナティブ）を構想できる場が必要である。それこそが学び舎である。求められる教育は，知識の「啓蒙」ではなく，代替（オルタナティブ）の発想を伸び伸び育てられるものである必要がある。さらに将来を見据えたバックキャストの論理（到達目標を明確にして，その実現のために今なにをすべきかを遡る考え方）を実現させたい。

鷲田が紹介した「番組小学校」は，幕末の荒廃と奠都（てんと）という危機的な状況の京都にとって，レジリエンスの切り札であったともいえよう。鷲田はこれについて「当時の京都は，目先の利や繁栄ではなく次世代育成（人的資源の蓄え）をまず図った。若い人が大事にされるまちこそレジリエントである」と述べている。

武村が紹介した復興小学校もこれに通じる。関東大震災からの復興には多くの資金が必要になり，資金難から諦めざるを得ない都市計画も多かった。しかし，復興小公園を併設する復興小学校は数多く建てられ，しかもその建物には意匠が施され，そこに通った子供たちは自分たちが大切にされていることを感じとり，元気になり，また，風格ある街並みに誇りを感じてレジリエンスを高めたに違いない。

引用文献

稲村哲也・山極壽一・清水　展・阿部健一（2022）『レジリエンス人類史』京都大学学術出版会

小野有五（2013）『たたかう地理学―Active Geography』古今書院

小野有五（2023）新春対談「大地の声を聴く」小野有五×若松英輔　婦人之友１月号　婦人之友社

武村雅之（2023）『関東大震災がつくった東京―首都直下地震へどう備えるか』中公選書中央公論新社

林　良嗣・鈴木康弘（2015）編著『レジリエンスと地域創生―伝統知とビッグデータから探る国土デザイン―』明石書店

鷲田清一（2015）『しんがりの思想―反リーダーシップ論―』角川新書

鷲田清一（2018）基調講演　レジリエント・シティ京都市民フォーラム（2018.12）講演録

索引

●配列は五十音順。

分担執筆者紹介

平野　真理（ひらの・まり）

・執筆章→2・3・4

1985年　東京都に生まれる
2013年　東京大学大学院教育学研究科　臨床心理学コース
博士課程修了（博士（教育学））
現在　お茶の水女子大学　基幹研究院人間科学系　准教授
臨床心理士，公認心理師
専攻　臨床心理学
主な著書　『レジリエンスは身につけられるか―個人差に応じた心のサポートのために―』（単著　東京大学出版会，2015年）
「心のレジリエンス」（分担執筆　レジリエンスの諸相―人類史的視点からの挑戦―　放送大学教育振興会，2018年）
Individual Differences in Psychological Resilience.（分担執筆　Resilience and Human History. Springer，2020年）
『生涯発達心理学』（共編著　ナカニシヤ出版，2019年）
「パーソナリティと幸福」（分担執筆　幸せになるための心理学ワークブック　ナカニシヤ出版，2021年）
「テスターはこころをつかえるか」（分担執筆　こころで関わりこころをつかう　日本評論社，2021年）
『レジリエンスの心理学』（共編著　金子書房，2021年）
「レジリエンス」（分担執筆　非認知能力：概念・測定と教育の可能性　北大路書房，2021年）
「心のレジリエンス／レジリエンシー」「心のレジリエンシー：個人のパーソナリティーと危機対応」（分担執筆　レジリエンス人類史　京都大学学術出版会，2022年）
『グループ・アプローチでつながりUP！』（共編著　学時出版，2022年）
「臨床場面への応用」（分担執筆　Big Fiveパーソナリティ・ハンドブック　福村出版，2023年）
「集団療法に基づく支援」（分担執筆　心理学的支援法　ミネルヴァ書房，2023年）
『自分らしいレジリエンスに気づくワーク―潜在的な回復力を引き出す心理学のアプローチ』（単著　金子書房，2023年）

（執筆の章順）

齊藤　　誠（さいとう・まこと）・執筆章→9・10・11

1960年　愛知県名古屋市に生まれる
1992年　マサチューセッツ工科大学経済学部博士課程卒業，Ph.D. 取得
現在　名古屋大学大学院経済学研究科
専攻　マクロ経済学，金融論

おもな著書（または論文）

『原発危機の経済学：社会科学者として考えたこと』（日本評論社，2011年）石橋湛山記念財団・第33回石橋湛山賞受賞

『震災復興の政治経済学：津波被災と原発危機の分離と交錯』（日本評論社，2015年）

『危機の領域：非ゼロリスク社会の責任と納得』（勁草書房，2018年）

Gu, Tao, Masayuki Nakagawa, Makoto Saito, Hisaki Yamaga, 2018, "Public Perceptions of Earthquake Risk and the Impact on Land Pricing: The Case of the Uemachi Fault Line in Japan," *The Japanese Economic Review* 69, 374-393.

Devereux, Michael B., Makoto Saito, and Changhua Yu, 2020, "International capital flows, portfolio composition, and the stability of external imbalances," *Journal of International Economics*, 127, 103386, 1-24.

Saito, Makoto, 2021, *Strong Money Demand in Financing Peace and War: The Cases of Wartime and Contemporary Japan*, xxiv + 204 pages, Springer.

Saito, Makoto, 2022, "On expenditure/income discrepancies in national accounts in the presence of two price units," *Japan and the World Economy*, October 2022, 101161, 1-10.

『財政規律とマクロ経済：規律の棚上げと遵守の対立をこえて』（名古屋大学出版会，2023年）

山野　博哉（やまの・ひろや）

・執筆章→ 12・13・14

1970年　兵庫県尼崎市に生まれる
1999年　東京大学大学院理学系研究科地理学専攻修了
現在　国立環境研究所生物多様性領域長
専攻　自然地理学
主な著書　『日本のサンゴ礁』（分担執筆　環境省，2004年）
『久米島の人と自然』（編集・分担執筆　築地書館，2015年）
『アイランドスケープ・ヒストリーズ』（分担執筆　風響社，2019年）
『サンゴといっしょ　すいぞくかん』（監修　アリス館，2019年）
『リモートセンシング事典』（編集　丸善，2023年）
Coral Reefs of Japan（編集・分担執筆　Ministry of the Environment，2004年）
Coral Reef Remote Sensing（分担執筆　Springer，2013年）

編著者紹介

奈良　由美子（なら・ゆみこ）

・執筆章→1・5・6

1965年　大阪府に生まれる
1996年　奈良女子大学大学院人間文化研究科博士後期課程修了
現在　(株)住友銀行，大阪教育大学助教授を経て，放送大学教授。博士（学術）
専攻　リスクマネジメント論，リスクコミュニケーション論
主な著書
『生活知と科学知』（共編著　放送大学教育振興会，2009年）
『改訂版　生活リスクマネジメント―安全・安心を実現する主体として』（単著　放送大学教育振興会，2017）
『リスクマネジメントの本質』（共著　同文舘出版，2017年）
『熊本地震の真実―語られない「８つの誤解」』（共編著　明石書店，2022年）
『レジリエンス人類史』（共著　京都大学学術出版会，2022年）
『大学生が狙われる50の危険』（共著　青春出版社，2023年）
『リスクコミュニケーションの探究』（編著　放送大学教育振興会，2023年）
Social Anxiety: Symptoms, Causes, and Techniques（共著　Nova Science Publisher, 2009）
Resilience and Human History: Multidisciplinary Approaches and Challenges for a Sustainable Future（共編著　Springer, 2020）

鈴木　康弘（すずき・やすひろ）

・執筆章→7・8・15

1961年　愛知県岡崎市に生まれる
1992年　東京大学大学院理学系研究科博士課程修了，博士（理学）
現在　名古屋大学減災連携研究センター教授
専攻　地理学・変動地形学・活断層学

主な著書　『活断層大地震に備える』（単著　ちくま新書，2001年）
『原発と活断層—想定外は許されない—』（単著　岩波科学ライブラリ，2013年）
『防災・減災につながるハザードマップの活かし方』（共著　岩波書店，2015年）
『レジリエンスと地域創生』（共著　明石書店，2015年）
『レジリエンスの諸相』（共著　放送大学教育振興会，2018年）
『レジリエンス人類史』（共著　京都大学学術出版会，2022年）
『おだやかで恵み豊かな地球のために—地球人間圏科学入門』（共著　古今書院，2018年）
『ボスフォラスを越えて—激動のバルカン・トルコ地理紀行』（単著　風媒社，2021年）
『熊本地震の真実—語られない「8つの誤解」—』（共著　明石書房，2022年）
『持続的社会づくりへの提言—地理学者三代の百年』（共著　古今書院，2023年）
Disaster Resilient Cities（共著　Elsevier，2016年）
Resilience and Human History（共著　Springer，2020年）
Active Faults and Nuclear Regulation（単著　Springer，2020年）
Human Geoscience（共著　Springer，2020年）
Beyond the Bosphorus（単著　One Piece Books，2023年）

放送大学教材　1910078-1-2411（テレビ）

レジリエンスの科学

発　行　　2024年3月20日　第1刷
編著者　　奈良由美子・鈴木康弘
発行所　　一般財団法人　放送大学教育振興会
〒105-0001　東京都港区虎ノ門1-14-1　郵政福祉琴平ビル
電話　03（3502）2750

Printed in Japan　ISBN978-4-595-32459-8　C1336